8° L⁴ h
2599

Extrait du *Bulletin de la Société nivernaise des lettres, sciences et arts.*

NOTES

SUR LE

PASSAGE DES ALLIÉS

Dans le Département de la Nièvre

ET

NOTES SUR NEVERS

Pendant les années 1813, 1814 et 1815

PAR

Edmond DUMINY

NEVERS,
G. VALLIÈRE,
IMPRIMEUR DE LA SOCIÉTÉ NIVERNAISE
24, Avenue de la Gare.

1906

Extrait du *Bulletin de la Société nivernaise des lettres, sciences et arts*

NOTES
SUR LE
PASSAGE DES ALLIÉS

Dans le Département de la Nièvre

PAR

Edmond DUMINY

NEVERS,
G. VALLIÈRE,
IMPRIMEUR DE LA SOCIÉTÉ NIVERNAISE
24, Avenue de la Gare.

1905

NOTES

SUR

LE PASSAGE DES ALLIÉS

Dans le Département de la Nièvre

PAR

Edmond DUMINY

Le département de la Nièvre put éviter la première invasion. Tandis que les départements voisins de l'Yonne, de la Côte-d'Or et de Saône-et-Loire, étaient occupés par les Alliés, son sol ne fut pas foulé par les étrangers, si ce n'est par un petit corps de troupes qui, le 10 avril 1814, se présenta à Clamecy, où il ne fit d'ailleurs que paraître. Il eut au contraire fortement à souffrir de la seconde invasion.

Vers le milieu du mois de juillet 1815, il se trouvait menacé de trois côtés différents. Trois armées ennemies, en effet, venant au nord-ouest par la route de Paris, au nord dans la direction de Clamecy et au sud-est du côté d'Autun, semblaient converger vers Nevers.

Le 15, les Alliés franchirent la limite du département et entrèrent à Clamecy, où, cette fois, ils devaient faire un long séjour. Deux jours plus tard, la principale des trois armées pénétrait entre Bonny et Neuvy, et occupait ce dernier village, dans lequel elle laissa quelques soldats. Le 18, elle entra à Cosne et s'avança jusqu'à La Charité. Le 19, elle était à Pougues, et 200 ou 300 hommes vinrent loger dans la commune de Varennes-les-Nevers. En même temps arrivait le nouveau préfet Devaines, qui venait remplacer Rougier de la Bergerie fils.

Si quelques royalistes ardents voyaient avec plaisir pénétrer les Alliés, qu'ils considéraient comme des libérateurs devant les arracher à la tyrannie de Bonaparte, l'immense masse de la population voyait leur venue avec effroi. Les bruits les plus sinistres couraient sur la barbarie et la cruauté de certains d'entre eux. Ce que raconte le menuisier Fourquemin, dans les notes qu'il a laissées sur les événements qui se sont passés à Nevers de son temps, nous offre un exemple des nouvelles qui circulaient alors. Par suite de sa situation centrale, le département de la Nièvre, pendant toute la durée de la République et de l'Empire, avait été affecté au cantonnement de nombreux prisonniers de guerre. Lorsque se produisirent les désastres de 1813, le nombre augmenta encore et s'accrut, au fur et à mesure que l'ennemi se rapprochait des frontières, des prisonniers que l'on faisait replier vers le Centre de la France. A Nevers, ils étaient parqués à la caserne et dans d'autres bâtiments publics, où souvent on les laissait manquer des choses les plus nécessaires. Fourquemin rapporte que parmi eux se trouvaient quelques Tartares que l'on fut obligé de séparer des autres prisonniers et de tenir enchaînés, parce que, dit-il, ils avaient « pendant la nuit l'habitude de pratiquer aux jambes des prisonniers endormis une incision au moyen d'un outil très tranchant, et ils suçaient le sang qui en coulait jusqu'au point que ces malheureux ne se réveillaient quelquefois que pour rendre le dernier soupir ». Beaucoup d'habitants des campagnes redoutaient que parmi ces étrangers il ne se trouvât de ces sortes de vampires.

On craignait aussi qu'entre eux et les débris de l'armée française éclatât une conflagration dont les conséquences auraient pu être désastreuses pour le pays. D'après la convention de Paris, les Français devaient se retirer sur la rive gauche de la Loire. On ne pouvait croire que les soldats qui étaient entrés en vainqueurs dans presque toutes les capitales de l'Europe déposeraient les armes sans opposer aucune résistance. Le 17 juillet, les troupes cantonnées dans le département du Cher avaient traversé le pont de La Charité et s'étaient installées dans la ville, contrairement à la convention de Paris ; elles y avaient fait des réquisitions. Nevers, quoique situé sur la rive droite, était encore occupé par le 8e régiment d'infanterie, que l'on disait absolument résolu à ne pas permettre l'entrée aux ennemis.

Les populations, anxieuses, ne savaient à quoi se résoudre. Devaines trouva le drapeau blanc hissé à Neuvy et à Cosne, où étaient déjà les Alliés. A Pouilly, on avait enlevé le drapeau tricolore, on n'avait pas osé arborer le drapeau blanc ; le drapeau tricolore flottait encore à La Charité. A Pougues, « on était dans la consternation » ; on disait qu'une insurrection avait éclaté à Nevers et qu'on y avait renversé le drapeau blanc.

Toutes ces craintes étaient vaines. Ici, comme dans le reste de la France, l'armée se montra jusqu'au bout disciplinée et obéissante. Le 18, dès que parut un seul hussard hongrois, elle abandonna La Charité et repassa le fleuve, sans avoir causé « aucun désordre ». Le 19, à cinq heures du soir, quand le nouveau préfet arriva aux portes du chef-lieu, il vit bien un poste de grenadiers français sur la route de Paris, mais « les armes en faisceaux, dans une parfaite tranquillité, et laissant entrer et sortir librement. Le drapeau blanc flottait sur la tour de la cathédrale ».

Depuis quelques jours, un corps d'environ 1.500 Français campait sur la rive gauche, sur les sables de la Loire. Dans le désarroi général, ils avaient été pour ainsi dire oubliés ; c'est en vain que plusieurs fois ils avaient réclamé des vivres ; enfin, manquant de tout, le 19 au matin, ils avaient manifesté l'intention d'entrer en ville et de réquisitionner ce dont ils avaient besoin. Grand émoi à cette nouvelle. Le maréchal d'Argence, commandant le département, le maire de Chabrol de Chaméane, plusieurs conseillers municipaux et les chefs de la garde nationale se rendirent près du colonel de Ruelle, qui commandait le corps français, et lui exposèrent les graves inconvénients qui pouvaient, dans les circonstances dans lesquelles on se trouvait, résulter d'une pareille infraction à la convention de Paris. Le colonel insista sur la nécessité de fournir des vivres aux hommes qu'il avait sous ses ordres. Enfin, il fut convenu que les rations demandées seraient immédiatement envoyées, qu'une centaine de grenadiers seulement passeraient le pont, traverseraient la ville sans s'arrêter et iraient prendre position hors les portes. C'étaient ces militaires que Devaines avait rencontrés sur la route de Paris.

Sous l'administration de Rougier de la Bergerie père, le premier des deux préfets que posséda Nevers pendant la période des Cent Jours, se forma, sous le nom de Fédérés nivernais, une troupe de volontaires qui reçut une partie des armes destinées à la garde nationale et qui ne quitta jamais la ville. Un antagonisme profond existait entre les gardes nationaux et les fédérés.

Les premiers représentaient l'élément bourgeois et

conservateur, les autres l'élément populaire et révolutionnaire. Les fédérés profitèrent du passage des grenadiers pour essayer d'ameuter le peuple ; des attroupements se formèrent, parcourant les rues aux cris de : Vive l'Empereur ! les boutiques se fermèrent, la garde nationale prit les armes, et on put craindre des rixes sanglantes. Mais la contenance des soldats français, qui traversèrent Nevers « dans le meilleur ordre et le plus grand silence », sans paraître remarquer les cocardes blanches qui se présentaient à leurs yeux et le drapeau blanc qui flottait aux monuments publics, montra aux émeutiers qu'ils ne devaient espérer aucun appui de ce côté. Peu à peu l'effervescence se calma et la tranquillité était complète lorsque se présenta Devaines.

Le lendemain, on distribua dans la ville l'avis suivant :

« Habitans de Nevers, des mouvemens purement militaires ont amené sous nos murs une partie des troupes françaises stationnées sur la rive gauche de la Loire. Ces mouvemens, auxquels chacun de vous devait rester étranger, ont servi de prétexte aux malintentionnés pour troubler l'ordre public. De grands malheurs eussent pesé sur notre ville si les projets des méchants n'eussent été paralysés par l'excellente discipline de la troupe et par l'énergie de cette garde nationale qui, chaque jour, acquiert de nouveaux droits à votre reconnaissance en comptant pour rien le sacrifice de son repos lorsqu'il s'agit d'assurer le vôtre.

» Des hommes, qui ne rêvent que le désordre et le pillage, avaient fait à l'armée l'injure de croire qu'ils trouveraient des auxiliaires dans son sein, et nous savons que plusieurs d'entre eux ont tenté tous les moyens de séduire les militaires que les chances de la guerre ont rapprochés de nos parages. Nous sommes instruits que plusieurs habitans de cette ville, honteusement fameux par les excès de leur immoralité, ne cessent, depuis quelque temps, de s'introduire dans le camp le plus voisin de nous pour égarer l'opinion des braves qui y sont réunis et dans le dessein de les associer aux sinistres projets qu'ils brûlent d'exécuter contre tous les citoyens honnêtes de cette ville. Mais qu'ils apprennent, ces ennemis de notre tranquillité, que nous les connaissons, que nous les surveillons et que nous nous déclarons les vengeurs et les réparateurs de l'injure qu'ils viennent de faire à des troupes qui savent mourir pour l'honneur, mais qui ne servent jamais d'instrumens aux passions furibondes d'hommes déshonorés.

» Si cette injure a excité l'indignation de vos magistrats, elle n'a pas été moins sensible aux braves qui en ont été l'objet. Tous ont déposé dans notre sein l'expression douloureuse qu'ils ont ressentie à cet égard, et c'est un hommage que nous nous plaisons à rendre à la noblesse de leurs sentimens ; qu'ils reçoivent ici le tribut d'estime et de reconnaissance que nous aimons à leur payer au nom d'une ville dont nous sommes les organes. Réunis sous les mêmes bannières que nous, ils nous ont en quelque sorte apporté les prémices d'une réunion qui fait notre joie, et sous ce rapport ils ont acquis de nouveaux droits à notre attachement. Puisse notre empressement à les accueillir leur faire oublier des procédés que réprouve la presque totalité de nos concitoyens.

» Néanmoins, comme nous voulons prévenir, autant qu'il est en nous, le renouvellement d'une injure qui nous a profondément affligés, notre intention est d'empêcher les communications qui y ont donné lieu.

» Nous déclarons, en conséquence, que tout habitant de Nevers qui, sans une permission de l'autorité locale, chercherait à s'introduire dans le camp voisin de cette ville ou au milieu des postes qui y sont établis, sera arrêté et traduit devant les tribunaux compétents pour y être jugé suivant la rigueur des lois.

» Défenses sont également faites aux mariniers de cette ville de passer aucun particulier sur la rive gauche de la Loire ou de conduire à aucun des ports de l'Allier sans en avoir obtenu la permission et sans avoir déclaré les noms des personnes qu'ils conduisent. Nous nous concerterons à cet égard avec l'autorité militaire.

» Nous invitons tous les amis de l'ordre à nous signaler les individus qui, par leurs démarches et leurs provocations séditieuses, cherchent à troubler la tranquillité publique ; nous nous reposons sur le zèle de la garde nationale du soin de les arrêter, et nous unirons constamment à son active surveillance les efforts de la nôtre pour continuer à préserver notre ville de tous les maux que des méchants voulaient attirer sur elle.

» Pour le conseil municipal de Nevers :

» Signé : Le comte CHABROL DE CHAMÉANE,

« Maire et membre de la Légion d'honneur ».

A peine arrivé, le nouveau préfet reçut les magistrats, les fonctionnaires et une délégation de la garde nationale, qui se présenta « en faisant retentir l'air des cris de : Vive le Roi ! » Son premier acte fut l'ordre de désarmer les fédérés, mais toutefois « en usant de tous les ménagements ».

Tout en rendant pleine justice à la conduite admirable des troupes françaises, qui arborèrent aussitôt et sans difficulté la cocarde blanche, il demanda que les avant-postes se retirassent immédiatement sur la rive gauche. Puis, alors qu'une partie de la France était couverte d'ennemis dont on ne savait où s'arrêteraient les exigences, il ordonna que, le 24 juillet, un *Te Deum* d'actions de grâces serait chanté à l'église Saint-Cyr, pour fêter le retour du roi, et que les fonctionnaires y assisteraient. Il avait à faire oublier, par son zèle, la facilité avec laquelle, quatre mois auparavant, étant à la tête du département de la Meuse, il avait accepté le retour de l'île d'Elbe.

L'entrée des étrangers avant le jour fixé ne permit pas que cette solennité eût lieu ; d'ailleurs, le conseil municipal avait décidé qu'en tous cas aucun membre n'y assisterait.

Les colonnes envahissantes se répandaient dans le département, semant la terreur sur leur passage. Les villages étaient abandonnés, les habitants se réfugiaient dans les bois, emmenant leurs bestiaux, emportant quelques objets précieux. Ils rentraient après le départ des étrangers, mais généralement d'autres troupes les suivaient à quelques jours de distance, forçant les habitans à s'enfuir de nouveau. Autrichiens, Hessois, Wurtembergeois se succédaient, portant partout le pillage. Inutilement, le préfet écrivait aux maires : « Je suis instruit que dans plusieurs communes rurales les habitants se laissent aller à la frayeur, abandonnent leur domicile et se réfugient dans les bois. Il en résulte que les troupes passant ou stationnées dans les communes trouvent les habitations vuides, et, pressées par le besoin, coupent les grains, enlèvent les bestiaux et se livrent à des désordres doublement funestes, puisqu'ils tarissent les ressources dont on pourrait s'aider pour nourrir les troupes et l'habitant lui-même Je vous recommande donc très expressément d'employer tous les moyens de la persuasion et même d'autorité pour empêcher que vos administrés ne quittent leurs demeures et n'attirent ainsi sur eux des malheurs qu'ils pourraient éviter ». La conduite des soldats coalisés n'était pas faite pour amener la confiance. Si quelques indigènes restaient à la première visite, souvent ils préféraient disparaitre lorsque leur retour était annoncé.

Le 21 juillet, 9.500 hommes vinrent camper à Raveau. « Le lundi suivant, écrit le curé, il nous arriva un nombreux corps de cavalerie, 500 hommes environ. Le mauvais traitement que la soldatesque avait fait éprouver trois jours auparavant à mes paroissiens leur avait fait prendre la fuite ; il n'y avait pas une porte qui ne fût fermée, tous étaient au bois avec leur ménage et leur bétail. Resté seul, le colonel, fort mécontent de la désertion de mes paroissiens, me fit l'honneur de me prendre pour le maire de la commune. Outre qu'il plaça trois officiers supérieurs chez moi, il se montra très exigeant envers moi, tant pour lui que pour ses troupes. Je fis tout ce que je pus pour le contenter, mais je n'en vins bien à bout qu'en lui offrant les débris de ma cave, dont je ne peux dire qu'il usât sobrement, car après onze jours de station il ne me laissa pas une goutte de vin ».

Dans la soirée du 21, quelques uhlans autrichiens se montrèrent sur la route de Paris, puis se retirèrent, déclarant ne pas avoir l'ordre d'entrer dans Nevers. La population, qui depuis deux jours était dans l'attente de la venue des ennemis, commença à s'agiter ; la foule remplit bientôt les rues et les lieux publics, discutant avec animation. Ordre fut donné à la garde nationale et à la gendarmerie de multiplier les patrouilles, de disperser les attroupements, de surveiller le quartier des mariniers et d'arrêter quiconque se livrerait à des propos malveillants à l'égard des Alliés. La proclamation suivante fut distribuée à un grand nombre d'exemplaires :

« Le corps municipal de Nevers à ses administrés. Habitans de Nevers. Les chances de la guerre ont conduit au sein de la France les troupes des souverains alliés, et bientôt peut-être il en paraîtra dans vos murs. Que leur arrivée ne jette point l'effroi parmi vous, et soyez en garde contre tous les bruits sinistres que des malintentionnés, ennemis de votre tranquillité, se plaisent à faire circuler. Reposez-vous sur vos magistrats du soin de prendre toutes les mesures que les circonstances pourront exiger, et ralliez-vous autour d'eux pour contenir les agitateurs qui voudraient profiter de cet événement pour attirer sur cette ville tous les genres de fléaux. Que les déclarations des souverains alliés vous rassurent et croyez à la sincérité de leurs promesses. Les liens qui les unissent au Monarque chéri que nos vœux appelaient et que la Providence vient de nous rendre, nous sont un sûr garant de la conduite généreuse qu'ils tiendront à notre égard, et notre devoir est de faire aux troupes qu'ils nous envoient un accueil digne d'eux et de nous. Nous aimons à penser qu'aucun de vous ne se permettra la moindre action et le moindre propos qui puissent troubler l'ordre public. Mais si notre attente était trompée, malheur aux coupables ! bientôt ils seraient livrés à toute la rigueur des lois.

» Hâtez-vous de faire disparaître tout emblème qui ne serait pas celui du Gouvernement royal et que les auxiliaires de notre auguste Monarque ne voient en vous que les fidèles sujets de leur Allié. Vive le Roi ! »

Grâce à ces mesures, la tranquillité publique ne fut pas troublée. Deux individus seulement « qui s'étaient, dans un café, permis des discours capables de répandre l'alarme et d'animer contre les étrangers, furent arrêtés ».

C'est le samedi 22 juillet, vers deux heures du soir, que les Alliés firent leur entrée dans Nevers. Pendant que l'avant-garde passait sous la porte de Paris, les quelques soldats français qui étaient restés dans la ville se repliaient en bon ordre sur la rive gauche. Un premier détachement de 1.300 à 1.400 soldats fut bientôt suivi du corps principal, fort d'environ 7.000 hommes, ayant à leur tête le prince de Saxe-Cobourg : ils prirent position sur la place Ducale. Dès qu'il fut averti de leur arrivée, le préfet se présenta devant le prince, avec les membres du conseil municipal, et lui exprima ses « regrets de n'avoir pas été prévenu de son arrivée assez tôt pour qu'il fût possible au corps municipal d'aller le recevoir aux portes de la ville ».

Les coalisés montrèrent aussitôt qu'ils venaient non en amis, mais en vainqueurs. Ils se divisèrent en trois corps, dont un alla camper au Parc, le second s'établit dans le faubourg de Mouësse, près de la ferme de l'Eperon; le dernier occupa la place Ducale et s'installa dans le surplus de la ville. Les soldats se répandirent dans les rues, pénétrant dans les maisons, maltraitant les habitants, les forçant à leur servir à boire et à manger, pillant quelques boutiques.

Le jour même fut affichée la déclaration suivante :

« Le commandant des troupes alliées, par ordre de S. A. I. l'archiduc Ferdinand, ordonne ce qui suit : Etant à notre connaissance que plusieurs habitans recellent chez eux des armes et des effets militaires, nous ordonnons que dans le terme de vingt-quatre heures ils se présentent à Monsieur le Commandant de la place pour en faire une exacte déclaration.

» Et si, d'après les recherches qui seront faites dans chaque maison par la force militaire, il se trouvait encore un seul article ci-dessus désigné, une forte amende sera payée par les habitans de la ville de Nevers, et les recéleurs seront arrêtés et traduits par-devant un tribunal militaire pour être jugés et punis comme rebelles et mal intentionnés, selon la sévérité des lois de la guerre ; aucun individu n'est exempt du présent ordre.

» Les autorités civiles et militaires du département sont chargées de l'exécution du présent, sous leur responsabilité personnelle.

» Donné à Nevers, le 22 juillet 1815.

» Signé : Le Prince de Saxe-Cobourg.

• Pour copie conforme :
» *Le préfet du département de la Nièvre,*
» Devaines ».

Les chefs de l'armée étrangère commencèrent par faire arrêter et jeter en prison tous les officiers de la gendarmerie installés pendant les Cent Jours et deux anciens militaires, nommés Guy et Millard, « signalés comme attachés à la cause de Buonaparte ». Toute la soirée, les arrestations continuèrent en grand nombre. Beaucoup de personnes connues pour leurs convictions impérialistes furent incarcérées sans que le préfet en fût averti. Devaines crut devoir réclamer contre ces mesures et contre le désarmement de la garde nationale qui, joint à l'arrestation des chefs de la gendarmerie, mettait le représentant du gouvernement français dans l'impossibilité d'assurer la police. Saxe-Cobourg répondit que « pour la tranquillité de ses troupes et du pays même les hommes dangereux par leurs opinions et leur influence devaient être mis hors d'état de nuire, que ceux qui avaient été arrêtés ou le seraient encore lui avaient été dénoncés comme tels », que les anciens officiers de gendarmerie destitués par l'Empereur devaient être replacés et que, en ce qui concernait la garde nationale, il obéissait à des ordres supérieurs, mais qu'il allait solliciter du général en chef son réarmement.

Les magasins militaires de Nevers avaient été approvisionnés, mais les emmagasinements avaient été presque épuisés par les distributions faites à l'armée française ; aussi fallut-il, dès le premier jour, pour nourrir l'armée autrichienne, réquisitionner chez les bouchers, les boulangers et tous les particuliers que l'on savait détenteurs de grains et de fourrages.

Le soir même, conformément aux injonctions du commandant des troupes, le préfet, « considérant que S. A. le prince de Saxe-Cobourg a fait mettre en état d'arrestation tous les officiers de gendarmerie employés dans le département, depuis et y compris le chef d'escadron jusqu'au sous-lieutenant quartier-maître inclusivement », réintégra dans leurs grades respectifs les officiers en exercice avant le 20 mars, savoir : Clément, chef d'escadron ; Coste aîné, capitaine ; Coste jeune, lieutenant, et Fonrouge, maréchal des logis.

La prise de possession du chef-lieu du département rendit la situation pénible, non seulement pour les habitants pressurés, souvent menacés, sans cesse réquisitionnés, mais aussi pour les administrations départementale et municipale, obligées de satisfaire sans délai aux moindres fantaisies d'un vainqueur exigeant. Le comte de Gorcey, qui exerça les fonctions de commandant de place du 22 juillet au 5 août, s'évertua à montrer le plus de brutalité qu'il lui fut possible dans ses rapports avec la municipalité. « Il ne tenait bureau nulle part, et comme il était dans un mouvement et une agitation continuels, il ne voulait presque jamais écrire ». Il fallait être toujours à même d'exécuter avec la plus grande promptitude les ordres verbaux qu'il donnait sans explication. « On était menacé de toute la colère de M. le commandant lorsqu'on le priait de donner des bons ou d'obliger du moins les troupes à donner des reçus ». On n'admettait aucune des observations, quelquefois bien légitimes, que faisait entendre le préfet. Celui-ci était dans un grand embarras : il désirait soulager ses administrés et s'y employait de son mieux, mais il devait avant tout éviter de créer des difficultés à l'autorité supérieure.

Le 23, au matin, toutes les provisions en magasins se trouvaient épuisées.

« On exigeait, écrit le préfet, avec menace d'exécution militaire, que l'on satisfît à tous les besoins de la troupe ; dans cette position critique et pour éviter un plus grand mal, je crus devoir prescrire au maire de faire nourrir ce qu'il y avait de troupes chez l'habitant, et je délivrai de nouvelles et fortes réquisitions sur toutes les communes du département ». C'était une lourde charge. Chaque soldat avait droit, d'après un ordre de Schwartzemberg du 5 juillet, à une livre de viande, deux livres de pain ou une livre de biscuit, un quarteron de riz ou de gruau ou une demi-livre de farine de froment ou de légumes secs, un cinquième de litre d'eau-de-vie ou quatre fois autant de vin ou huit fois autant de bière ; la ration du cheval était de cinq huitièmes de boisseau d'avoine ou d'épeautre ou un demi-boisseau d'orge, dix livres de foin ou quatorze livres de paille d'orge, d'avoine ou de pois. L'ordinaire de chaque officier était aussi établi avec le nombre de plats auquel il pouvait prétendre à chaque repas. Le préfet avait demandé seulement que l'on veillât à ce que les soldats n'exigeassent rien au-delà de ce qui leur était dû ; on ne daigna même pas répondre, aussi écrivit-il au ministre à ce sujet : « Les citoyens furent en proie à une foule de vexations dont j'épargnerai le détail à Votre Excellence ».

Les arrestations continuèrent ; on s'empara de l'argent que contenaient les caisses du receveur général et du payeur ; on saisit tous les tabacs se trouvant chez l'entrepositeur et chez les débitants ; on fit pleuvoir sur la ville des réquisitions de toutes sortes.

Le 24, il entra encore à Nevers 8.000 Autrichiens, ayant à leur tête le lieutenant-général baron de Sturtenheim. Ils annoncèrent leur intention de passer la Loire, contrairement à la convention de Paris, déclarant que cette convention n'avait pas été signée par les représentants de l'Autriche ; on ajouta « qu'on se regardait encore comme en guerre et qu'on ne reconnaissait pas encore le gouvernement du roi ». Cette détermination pouvait avoir les plus graves conséquences. De l'autre côté du fleuve campaient les débris des 8e, 21e, 25e et 29e régiments de ligne. Quelle serait leur attitude? Ne s'opposeraient-ils pas au passage des Alliés? Devaines, ne pouvant rien obtenir des ennemis, demanda un entretien à M. de Ruelle, colonel du 8e de ligne, et commandant les Français. L'entrevue eut lieu, avec la permission des étrangers, à dix heures du soir, au milieu du pont, entre les sentinelles françaises et autrichiennes. Le préfet exposa la situation ; le colonel répondit « qu'il devait regarder les Autrichiens comme des alliés, qu'il croirait donc manquer à son devoir en n'évitant pas tout engagement » ; d'ailleurs, il reconnaissait toute lutte impossible. Que pouvait-il avec 8 ou 900 hommes sans artillerie contre plus de 15.000 ennemis ? Il se déclara prêt à se retirer ; cependant, pour dégager sa responsabilité, il demanda que les envahisseurs notifiassent « par écrit l'intention de forcer ses positions avec tous leurs moyens » et qu'on promit de lui laisser opérer sa retraite tranquillement.

Le lendemain 25, comme il avait été convenu, les Autrichiens occupèrent, sur la rive gauche, les positions que les Français venaient d'abandonner, mais ils ne se portèrent pas plus loin. Ce jour-là, l'archiduc Ferdinand, frère de l'empereur d'Autriche, fit son entrée à Nevers ; le préfet le reçut à la porte de la ville, entouré des autorités et de la garde nationale sans armes ; toutes les cloches furent mises en branle pour célébrer sa venue. Sur son passage, jusqu'à la préfecture (1), se firent entendre les cris de : « Vive le Roi ! » et il en manifesta sa satisfaction. D'après le préfet, dans la journée, « les cris de : « Vivent les Alliés ! Vive l'Archiduc ! » se mêlèrent aux cris de : « Vive le Roi ! »

Cependant, depuis trois jours, ce qu'ils avaient vu montrait aux Nivernais ce qu'ils devaient attendre de ces prétendus amis.

Le 26 eut lieu l'entrée solennelle du prince impérial, héritier présomptif de la couronne d'Autriche, du prince héritier de Saxe et de son frère. Toutes les troupes autrichiennes s'étaient portées au-devant d'eux ; ils furent reçus également par le préfet et toutes les autorités et accompagnés des mêmes cris jusqu'à la préfecture. Ces nouveaux arrivants ne firent que passer dans Nevers, qu'ils quittèrent le lendemain pour se rendre à La Charité et de là retourner vers le nord.

(1) Actuellement l'évêché.

Le baron de Speth, intendant général de l'armée d'occupation, se présenta aux prisons, s'en fit remettre les clés, et, en l'honneur de l'entrée du prince impérial, fit remettre en liberté trois femmes condamnées pour vol, sans même en aviser le procureur du roi ni le préfet. Quelques jours plus tard, un autre voleur fut encore mis en liberté de la même façon. Devaines crut devoir protester contre ces mesures et cette manière de procéder ; « il lui fut répondu que l'intendant avait le droit d'agir comme il le faisait et d'être, s'il lui semblait bon, plus généreux envers les prisonniers ». Pour sauver les apparences, il en fut réduit à prier le ministre de vouloir bien faire approuver, pour la forme, ces grâces par le roi.

Le passage du prince impérial ne fut pas inutile pour la ville de Nevers. Sur la demande du préfet, il ordonna que désormais toutes les troupes ne seraient plus concentrées au chef-lieu et qu'elles seraient réparties dans les communes environnantes. Le prince voulut aussi que la garde nationale fût de nouveau armée ; on lui rendit 250 fusils de munition et 200 fusils de chasse qui avaient été saisis à l'arrivée des étrangers. Il ne resta d'abord à Nevers que 1.200 à 1.500 hommes, puis quelques jours après leur nombre augmenta encore ; le 30 juillet, il y avait dans cette ville 930 officiers, 2.393 soldats, dont 285 campés au Parc, le surplus chez les habitants, et 478 chevaux, plus la maison du prince de Saxe-Cobourg, composée d'un général, 25 gardes et 10 hommes de suite. Par suite des mouvements des troupes, ce chiffre varia beaucoup. Tout le monde logeait des militaires et les nourrissait ; la ville distribuait le pain et la viande. Les soldats français licenciés qui traversaient la ville (1), et

(1) On eut à loger ainsi à Nevers, en juillet 1815, 9.860 soldats français ; en août, 1.250 ; en septembre, 3.200 ; en octobre, 1.155.

qu'on ne pouvait loger avec les étrangers pour éviter des rixes, l'étaient chez les pauvres, dans les demeures que les Alliés n'avaient pas voulu accepter. Le prince de Saxe-Cobourg, feld-maréchal, logea chez M. de Berthier ; le général de brigade prince de Cobourg chez M. de Vertpré, le général de Sturtenheim chez M. Planque (1), le général baron de Vulher chez M. de Berthier-Bizy ; le baron de Speth, commissaire général de l'intendance, chez M. de Larochefoucault (2) ; le comte de Gorcey, commandant de place, chez le maire, M. de Chabrol-Chaméane.

Avec celui des logements, un grand souci pour la municipalité fut celui des subsistances. Il ne se tint aucun marché depuis le 22 juillet jusqu'au 2 septembre. Les réquisitions frappées sur les communes rurales produisaient un effet médiocre. Les convois arrivaient rarement en entier. Ils étaient arrêtés par les détachements stationnés dans les villages voisins. Le préfet et le maire étaient complètement impuissants.

Les Alliés s'étaient répandus dans toute la partie du département au nord de la Loire, c'est-à-dire dans le département en entier, à l'exception des cantons de Saint-Pierre-le-Moûtier et de Dornes et partie de ceux de Nevers et de Decize. Un détachement, fort d'environ 3.000 hommes de cavalerie et 2.000 hommes d'infanterie, partit d'Avallon pour gagner Château-Chinon par Lormes. Le massif montagneux du Morvan offrait alors de sérieuses difficultés pour le passage d'une armée, vu l'absence de voies de communications. Il avait servi de refuge, à la fin de l'Empire, à de nombreux réfractaires. « Lorsque j'ai été nommé maire, écrit le 10 janvier 1814 le maire de Dun-les-Places,

---

(1) Actuellement maison Doumic, place des Récollets.
(2) Actuellement succursale de la Banque de France.

ma commune était encombrée de déserteurs réfractaires ». Le sous-préfet de Château-Chinon dit de son côté : « Pendant les quinze premiers jours de juillet, le quatrième arrondissement a été couvert de déserteurs français de toutes armes, qu'il a fallu nourrir de gré ou de force chez le particulier, ce qui a presque épuisé les provisions de famille ». Gênée par le manque de routes et la difficulté de se procurer des vivres, la troupe partie d'Avallon fut obligée de se jeter dans la Côte-d'Or. Mais de petits détachements de 200 ou 300 hommes, venus de Saulieu et d'autres localités de la Bourgogne, entrèrent par différents points dans le département.

Au sud du Morvan, Luzy était occupé par les troupes du corps d'armée du général Latour, dont le quartier général était à Autun. Cette ville servit de lieu de passage à de nombreux soldats qui s'y succédèrent pendant un mois.

Le pays entre Loire et Allier fut à son tour envahi plus tard par l'effet d'une convention subséquente.

Les détachements autrichiens, hongrois, croates, hessois et wurtembergeois se mirent à parcourir les diverses communes, épuisant le pays par leurs exigences, pillant les maisons, maltraitant les gens qu'ils rencontraient, se livrant à des excès de tous genres. « Ils veulent, dit le sous-préfet de Château-Chinon, être logés à discrétion chez l'habitant ; on a beau convenir des rations avec les chefs, les cavaliers et les soldats n'en tiennent aucun compte ». Le préfet écrit : « Les campagnes souffrent, les troupes s'y livrent à une foule de désordres ; ce n'est pas assez d'exiger les vivres qui sont dus, on force arbitrairement à en livrer davantage ; la moindre observation amène les traitements les plus durs ; il est peu de communes dont les habitans, les maires mêmes, ne soient journellement frappés ; dans quelques-unes, les femmes d'un âge avancé ont éprouvé la brutalité du soldat ; la désolation est au comble ; partout le vin et l'avoine manquent, il en sera bientôt de même du blé ; les soldats ne diminuent cependant rien de leurs prétentions, aussi partout les malheureux habitans fuient dans les bois avec ce qu'ils ont de plus précieux et abandonnent leurs maisons et leurs récoltes... Je lutte contre les vexations et le découragement de tous mes moyens ». Le maire de Mèves écrit au préfet : « Vos administrés sont dans le dernier désespoir et réduits à vivre comme des bêtes fauves dans les bois avec les racines qu'ils pourront leur disputer. Tous les habitans des communes environnantes sont ruinés, sans ressources ; ce que les troupes alliées ne peuvent emporter est brisé. Tout est consommé : blé, vin, bestiaux et comestibles de toute espèce ». Cette conduite provoquait des vengeances qui étaient punies avec extrême sévérité.

Quelquefois les autorités avaient grande peine à communiquer entre elles. Le sous-préfet de Château-Chinon écrivait au préfet, le 28 juillet : « Je dois vous apprendre que la gendarmerie est en fuite parce qu'elle est attaquée et démontée partout où on la trouve. L'officier de gendarmerie vient m'annoncer que celui qui, ce matin, était chargé de ma dépêche, a disparu, et que la brigade de Montsauche est dispersée ; que, par conséquent, tout lien de correspondance est rompu ; ici la garde nationale est désarmée, elle ne peut ni ne veut plus faire de service, tout enfin paraît dans une désorganisation déplorable. Je prends le parti de vous envoyer un express avec un sauf-conduit du commandant militaire de la ville, sans être trop assuré qu'il sera respecté ; j'espère qu'il m'apportera votre réponse. Quant à moi, je me trouve au centre de ces désolations... j'en supporterai l'inépuisable amertume ».

Une certaine effervescence se manifesta à Nevers dans la journée du 27 juillet. Un rassemblement se forma au Calvaire. Des agitateurs excitaient le peuple. Des nouvelles contradictoires circulaient. Deux armées françaises, disait-on, l'une de 50.000 hommes, l'autre de 60.000, étaient formées ; elles venaient délivrer la contrée. Quelques-uns prétendaient même entendre le bruit du canon. D'autres assuraient qu'avant deux mois Napoléon serait de retour « et que les royalistes seraient travaillés de la belle manière ». Le perruquier Levaut, arrivé du Bourbonnais la veille, racontait « que les Alliés s'étant présentés à Moulins avaient été repoussés par les habitants, et qu'il était étonnant que ceux de Nevers n'avaient pas expulsé de leur enceinte tous ces brigands-là, et qu'il fallait, à défaut de fusils, prendre des fourches, des bûches, bâtons, faux et même des canifs ». L'administration française fit procéder à plusieurs arrestations, entre autres à celles de l'avocat Claudin, ancien prêtre; Faure, dit la Mi-Carême; Levaut, Mouton, ancien moine, etc.

Le 2 et le 3 août, de grands mouvements de troupes se produisirent dans tout le département. Les corps stationnés dans l'arrondissement de Cosne se replièrent vers celui de Nevers ; dans les deux autres arrondissements, les troupes se mirent aussi en route, puis toutes prirent la direction de Dijon. Le 3 au soir, il ne restait plus à Nevers qu'une petite arrière-garde ayant un général à sa tête. Hélas! ce n'était pas la libération. Les partants furent immédiatement remplacés par le 3e corps de l'armée autrichienne, fort de 30 à 35.000 hommes, sous les ordres du prince de Wurtemberg, qui se répandit à son tour dans tout le département; il se composait de Wurtembergeois et de Hessois exclusivement. Les premiers envahisseurs avaient arraché du pays tout ce qu'ils avaient pu. En s'éloignant ils forcèrent encore les réquisitions, vidèrent complètement les magasins du peu d'approvisionnements qui y restait encore ; pour le transport de leurs bagages, ils se saisirent des voitures et d'environ 80 chevaux appartenant à des particuliers qui les virent partir « sans assurance de retour ». Des officiers vendirent, à leur singulier profit, les armes restées en dépôt lors du désarmement des gardes nationales du département. Dans la soirée du 3, la ville de Nevers, avant leur départ définitif, fut mise en émoi. Un marinier, nommé Villers, avait voulu pénétrer à l'hôtel de ville ; la sentinelle ennemie, qui en gardait la porte, le repousse vivement, il riposte par un coup de poing sur la figure ; arrêté aussitôt, il est traduit devant un conseil de guerre et condamné à mort. L'exécution devait avoir lieu le jour même ; il fut amené sur la place Ducale, le peloton d'exécution était déjà prêt, lorsque, sur les instances du préfet, le baron Wecher, qui commandait l'arrière-garde, consentit à lui accorder sa grâce. Les Autrichiens emmenèrent à Dijon trois Nivernais qu'ils avaient arrêtés et qu'ils traînaient enchaînés ; parmi eux se trouvait un vieillard de quatre-vingts ans infirme.

Devaines tenta, par ses démarches auprès des nouveaux venus, d'améliorer un peu la situation de ses administrés. Il obtint un petit succès. Le prince Adam de Wurtemberg se montra bienveillant dans ses paroles ; les exigences des officiers relativement aux vivres furent écartées. Mais il ne se produisit aucune amélioration sérieuse et il pouvait en vérité écrire : « Le pays est tellement accablé par la seule présence des troupes, que le désespoir règne dans les campagnes et commence à gagner les villes et qu'il est à craindre qu'il ne survienne des mouvements fâcheux ». Il ordonna l'établissement de douze magasins dans lesquels les maires réuniraient tous les approvisionnements qu'ils pourraient au moyen des réquisitions qu'ils étaient autorisés à faire sur les communes voisines.

La convention qui permit aux Alliés de pénétrer au midi de la Loire procura un léger soulagement au département par le départ des quelques troupes qui se rendirent dans l'Allier.

La nouvelle armée avait comme général en chef le comte de Franquemont, et comme chef d'état-major le général Latour ; le baron d'Imhof devint commandant de la place de Nevers, plus tard il fut remplacé par le baron d'Otto.

Un désarmement général fut de nouveau ordonné dans tout le département, mais cette fois furent exceptés de cette mesure les gardes nationaux et les chevaliers de Saint-Louis. Elle ne paraît pas avoir produit beaucoup d'effet, du moins si l'on s'en rapporte à ce qui se passa à Nevers, où elle amena seulement le dépôt de « une mauvaise épée, une mauvaise lame de sabre et un petit fusil de chasse ».

Les réquisitions continuèrent partout. Elles étaient écrasantes pour le pays, on peut en juger d'après ce qu'elles furent dans la seule ville de Nevers. Dans les quatre premiers jours de leur occupation, les Autrichiens réquisitionnèrent 100 cuirs durs, 100 cuirs doux, 16 peaux de moutons préparées en noir, 100 cordes pour traits, 600 livres de graisse, 300 couvertures de lits, 4.000 aunes de toile, 20.000 fers à cheval, 200.000 clous. Il était presque impossible de se procurer certaines de ces denrées, les fers à cheval et les clous par exemple. Depuis quelque temps, les maréchaux n'avaient cessé de travailler pour les chevaux des militaires qui avaient passé, leurs approvisionnements étaient épuisés. On fut obligé de mettre des sentinelles devant leurs ateliers, pour empêcher les soldats d'enlever les fers à mesure qu'ils étaient fabriqués. Tous les jours c'étaient de nouvelles demandes. Le 13 août, il fallait livrer 1.200 peaux de veaux, 100 cuirs forts, 200 brosses à cheval. Lorsque l'on accordait quelque délai pour opérer la livraison, on envoyait au plus vite dans toutes les directions chercher les objets demandés, mais souvent aucun répit n'était accordé. Le maire, le préfet, intervenaient alors, essayant de faire entendre raison aux officiers ; ils étaient injuriés, menacés. Toutes les marchandises existant chez les six tanneurs que possédait Nevers furent livrées et les demandes ne cessèrent point. Un jour, on réquisitionne du drap écarlate qu'il n'est pas possible de trouver dans la ville; le second adjoint Carymantrand-Robelin demande le temps de le faire venir de Paris. L'officier entre en fureur. Il crie : « Du drap, du drap, du drap. Le maire de Nevers est un mâtin, un c…, un voleur, comme tous les Français ; tous les Français sont des coquins sans exception ». L'adjoint menacé fut obligé de disparaître pour ne pas être maltraité. Le 18 septembre, vingt garnisaires s'installèrent chez le maire, parce que les pharmaciens n'avaient pas pu livrer tous les médicaments qu'on leur demandait. Les maréchaux, les bouchers, les boulangers sont mis en réquisition pour le service des troupes sans qu'on s'occupe des besoins de la population civile.

En outre, il fallait subvenir à la nourriture des hommes et des chevaux. Elle consistait, par exemple, le 30 juillet, en 2.610 livres de pain, 5.326 livres de viande, 225 bouteilles de vin, 350 bouteilles d'eau-de-vie, 1.785 bouteilles de bière, 179 livres de sel, 8 voitures 3/4 de bois, 2.470 rations de foin, 2.250 rations d'avoine, 769 livres de haricots, 10 livres de riz.

Un certain nombre de voitures devaient être toujours

— 29 —

à la disposition des étrangers pour le transport des bagages ou des militaires ; des guides, nuit et jour, se trouvaient à l'hôtel de ville pour conduire les soldats et les officiers partout où ils en étaient requis ; plusieurs interprètes étaient aussi en permanence à l'hôtel de ville.

Le montant des réquisitions livrées pendant les 89 jours que les Alliés séjournèrent à Nevers, s'éleva à 308.895 fr. 80, y compris 125 francs « payés à Mlle Rose Pagès, pour confection de robes » (1).

Pour faire face à ces dépenses, le conseil municipal prit divers moyens. Le 17 juillet, dans l'attente de l'arrivée des étrangers, il arrêta une subvention de guerre de cinquante centimes par franc des contributions foncière, mobilière, des patentes et des portes et fenêtres. Le 2 août, « considérant que la rentrée de cet impôt est certaine, mais demande un laps de temps quelconque, tandis que la nécessité de fournir la subsistance aux troupes stationnées à Nevers est actuelle et urgente », il décida un emprunt sur les citoyens les plus aisés. A cet effet, les personnes les plus fortunées furent divisées en six classes, taxées à des sommes différentes. Cette mesure amena de si vives réclamations que le conseil, le 21 août, revint à sa première idée, mais en portant les centimes additionnels à 75 au lieu de 50. Les rentrées ne se faisant pas assez promptement, le 7 septembre on fit un appel aux riches, les exhortant à déposer leurs offrandes à la mairie. Sept habitants seulement se présentèrent et déclarèrent que, pour

---

(1) La ville de Nevers avait, en 1815, 12.024 habitants répartis ainsi :

Section de la Barre	3.639
Section de Nièvre	2.814
Section de Loire	2.934
Section du Croux	2.637

aider la municipalité, ils étaient prêts à souscrire des billets, mais qu'ils étaient dans l'impossibilité de fournir les fonds dont on avait besoin. Le lendemain, un emprunt forcé fut adopté sur de nouvelles bases. Toutes ces mesures successives ne produisirent que la somme de 127.482 fr. 72. Pour le surplus, les fournisseurs furent obligés d'attendre la fin d'une liquidation qui ne fut terminée que longtemps après.

Le 23 septembre, un capitaine et un général wurtembergeois se croisèrent dans la rue Sabatier. Surgit entre eux une discussion au cours de laquelle le capitaine souffleta le général. Saisi par le poste militaire, il fut traduit devant un conseil de guerre et condamné à mort. L'exécution eut lieu le lendemain. Fourquemin raconte qu'il fut fusillé dans le cimetière devant sa fosse creusée d'avance et dans laquelle il fut jeté aussitôt. Ces détails ont sans doute été inventés par l'imagination populaire, car à cette occasion la fabrique de Saint-Cyr prêta un drap pour recouvrir le cadavre, probablement lorsqu'on le transportait au cimetière.

Le maréchal Ney, arrêté en Auvergne, traversa le département, le 18 août, pour se rendre à Paris où il devait être jugé. Voici ce que rapporte le capitaine Jomard, chargé, avec le lieutenant Janillon, de la conduite du maréchal : « Afin d'arriver promptement à Paris, j'avais écrit à M. Meyronnet, à Moulins, pour l'engager à m'obtenir des passeports de la part des troupes alliées. En effet, en arrivant dans cette ville, M. le major me remit un laissez-passer qui me mit dans l'embarras, puisqu'en arrivant à Nevers, l'on s'en empara et le garda si bien que je ne pus jamais le ravoir. Les démarches que ce contre-temps fit naître nécessitèrent une station de deux heures au milieu d'une foule qui n'a pas montré la générosité si convenable à tout individu.

» En effet, je vis et entendis des gestes et des propos, qui loin d'être apaisés par les gens armés « wurtembergeois », qui nous entouraient, étaient excités par eux d'une manière indécente et ridicule.

» Enfin, après bien des sollicitations, je parvins à faire remplacer mon laissez-passer perdu. Arrivé à La Charité-sur-Loire, la scène de Nevers se renouvela, mais d'une manière bien plus violente et plus méprisable par la conduite indigne de plusieurs officiers wurtembergeois qui, en présence de leur commandant de place, se sont permis de dire en allemand et en mauvais français des propos que la décence ne permet pas de répéter, lesquels étaient tous dirigés contre M. le maréchal Ney. Les observations d'abord, les prières que nous leur fîmes ensuite, loin de les calmer, ne firent que les irriter et à un tel point que les effets s'en suivirent ; des cailloux furent lancés et dirigés, non seulement contre M. le maréchal Ney, mais encore contre nous, puisqu'un atteignit la voiture et faillit atteindre M. le lieutenant Janillon. Cette malheureuse scène s'est passée pendant que le visa du passeport s'apposait. Au moment où le commandant le rapportait, le tems était assez obscur pour qu'on ne pût distinguer les figures, aussi ces messieurs se servirent-ils de chandelles qu'ils ont eu l'impudence de porter jusque dans la voiture ; pendant ce tems, trois pelotons étaient sous les armes et rendirent même, je crois, des honneurs militaires à notre passage devant eux » (1).

Dans les villes, les Alliés choisissaient parmi les notables des otages pour les contributions de guerre. A Nevers, il en fut désigné dix et trois à Cosne. « Il

(1) Arch. nat., F, 7, 6683.

faudra, dit le prince Emile de Wurtemberg, qui commandait dans cette dernière ville, désigner des personnes bien portantes et capables de soutenir les fatigues d'un voyage. Ces trois personnes sont instruites qu'il leur est défendu, sous peine de confiscation de toute leur fortune et arrestation de leur famille entière, de s'éloigner, sans permission, du circuit de la ville, et qu'ils doivent se tenir prêts à partir incessamment qu'ils seront demandés (1) ».

Non contents d'avoir saisi les fonds se trouvant dans les caisses publiques, les étrangers, « en conséquence du principe que toutes les propriétés mobilières et immobilières du gouvernement et les revenus de l'Etat, tant échus qu'à échoir, appartenaient aux puissances alliées dans les pays occupés par leurs troupes », voulurent se mettre en possession de ces propriétés et revenus dans le département de la Nièvre. Ils éprouvèrent une vive opposition de la part du préfet. Les Wurtembergeois émirent les prétentions que les Autrichiens avaient déjà manifestées à ce sujet. Ils adressèrent au receveur général une demande afin de connaître l'état du recouvrement des impôts. Devaines fit défense à ce fonctionnaire de donner une réponse et protesta en vertu de la déclaration du 24 juillet. Le conseiller d'Etat, commissaire du roi de Wurtemberg, d'Otto insista vainement en menaçant de mesures de rigueur. Le 21 août, il écrivait : « Monsieur le préfet, je viens d'être informé que vous avez fait parvenir au receveur général la prohibition de me donner les renseignements que je lui ai demandés. Je dois insister à ce que je vous ai déclaré et aux mesures que je vous

---

(1) A Nevers, les otages furent MM. Andras de Marcy, le comte de Larochefoucault, Tiersonnier, Flamen d'Assigny, de Lavesvre, de Bussy, de Sainte-Marie, de Bouillé, du Rosay, de Foulon.

ai annoncées ; je vous invite, par conséquent, de retirer vos ordres prohibitifs sans retard, ce qui vous fera éviter des inconvénients ultérieurs ». Cette lettre fut apportée par un officier, qui s'installa à la préfecture avec 28 hommes, et déclara qu'il avait ordre de s'y maintenir jusqu'à ce que satisfaction fût donnée à la demande du conseiller d'Etat. Cette troupe devait vivre chez le préfet à discrétion et recevoir une somme de 120 fr. par jour. Nouvelle protestation du préfet, à laquelle il fut répondu : « Il n'a dépendu que de vous, monsieur, d'éviter des désagréments en exécutant les ordres du gouverneur général, du premier magistrat de ce pays. Ces militaires, qui se sont par conséquent établis chez vous, peuvent prétendre à une bonne nourriture, et l'argent qui (sic) doivent se faire payer jaque (sic) jour est selon le tarif accoutumé qui n'égale sûrement pas en pareils (sic) occasions celui que les militaires français ont cru établir pendant vingt-cinq ans en Allemagne. Malgré cela, des ordres précises (sic) ont été données pour qu'aucun abus n'ait lieu ».

Les Alliés purent assouvir leur cupidité sur une au moins des propriétés de l'Etat : les forges de La Chaussade. Ils s'emparèrent des fers se trouvant à Guérigny et dans les autres établissements de la marine, s'élevant à 2.316.107 kilogrammes. Le 30 août, d'Otto annonçait au directeur que ces fers avaient été vendus au banquier Erlanger, de Francfort-sur-le-Mein, et lui donnait ordre de lui en faire livraison. Au départ des étrangers, une partie se trouvait encore dans les magasins de Grenouillet, maître d'usine, commune de Coulanges. Le gouvernement français prétendit que ce dernier en était le véritable acquéreur, mais Erlanger le revendiqua comme les ayant achetés des représentants des souverains du Wurtemberg et de la Hesse. Le 20 octobre, « considérant que le gouvernement a droit de reprendre ces fers partout où ils existent parce qu'ils étaient sa propriété, et qu'aucun Français ne devait, sans manquer à ses devoirs envers la patrie, faciliter leur enlèvement dont les suites étaient si préjudiciables à l'Etat et au commerce ; que le gouvernement veut bien rembourser aux acquéreurs les sommes qu'ils ont déboursées et garantir les paiements auxquels ils se sont engagés envers les autorités étrangères », ils furent saisis entre les mains des détenteurs, et une commission, composée de quatre membres, fut chargée d'en dresser inventaire. L'Etat racheta ainsi ce qui lui avait été ravi ; mais, « considérant que la fonderie de Nevers n'eût pas été spoliée par les troupes étrangères si des Français ne se fussent pas rendus complices de cette spoliation en achetant les matières enlevées », les réparations occasionnées par cet enlèvement, s'élevant à 555 fr. 60 c., furent mises à la charge de Grenouillet, qui dut les solder dans les vingt-quatre heures.

Il ne suffisait pas d'écraser le pays par d'incessantes réquisitions d'objets de toute nature, d'obliger les habitants à nourrir les soldats à discrétion, de saisir les fonds se trouvant dans les caisses publiques, de s'emparer de toutes les propriétés de l'Etat, de vouloir lever les impôts, les Alliés prétendaient en outre frapper une contribution pour la solde des troupes. Le 31 août fut présenté au préfet un état réclamant sans délai et sous menace d'exécution militaire, pour la part contributive des départements de la Nièvre et de l'Allier, pour deux mois de solde des troupes wurtembergeoises et hessoises, la somme de 1.866.666 fr., plus, pour fournitures d'objets d'équipement, celle de 7.002.159 fr., soit la somme totale de 8.868.825 fr. Comme beaucoup de ces objets étaient absolument introuvables dans le département, on pouvait se libérer moyennant des prix fixés par les étrangers. Devaines lutta avec énergie contre cette prétention. « Votre Excellence n'ignore pas, écrivait-il au commissaire général des coalisés, que le département de la Nièvre, l'un des moins riches de la France, ne produit pas dans les meilleures années de quoi nourrir les deux tiers de sa population ; que les mines, qui sont sa seule richesse, sont en stagnation ; que depuis six semaines il a nourri d'abord 60.000 Autrichiens, ensuite 30 à 35.000 Wurtembergeois et Hessois ; que tout ce qui existait de toiles, draps, cuirs, fers, etc., est épuisé par des réquisitions partielles et successives qu'ont frappées les troupes qui l'ont occupé... En admettant même qu'une partie de cette charge énorme fût versée par le département de l'Allier, en raison de la portion de son territoire assignée comme cantonnement aux troupes wurtembergeoises, celui de la Nièvre aurait à en supporter les trois quarts ou les quatre cinquièmes. Ce serait donc au moins 6.600.000 fr.; cette somme est plus que triple du montant de ses impositions : l'acquitter, surtout dans un bref délai, serait impossible... Quand, au surplus, Monsieur le Conseiller d'Etat, les effets d'habillement, équipement, remonte, etc., que vous requérez existeraient en nature dans le département, je ne pourrais prendre sur moi d'en ordonner la livraison, il serait encore de mon devoir de m'y opposer, et je le ferais. Les instructions de mon gouvernement sont positives à cet égard ».

De toutes parts on signalait les excès des troupes alliées.

A Nevers, deux femmes, l'une pour avoir défendu ses maîtres, l'autre accusée d'avoir jeté une pierre à un soldat, sont conduites au corps de garde et sont fouettées « avec indécence comme avec brutalité ».

Une partie de la ville de Clamecy fut mise au pillage

pendant la nuit du 5 au 6 août et celle du 6 au 7 ; les faubourgs le furent à leur tour le 7 ; les habitants furent contraints de fuir.

A Cosne, une domestique de vingt ans, Blandine Jeannot, est violée par deux Hessois ; l'administration française lui donne 200 fr. pour qu'elle renonce à la plainte qu'elle avait formée. Une autre femme a le même sort à Port-Aubry. Asselineau, fils de l'hôtelier du Grand-Cerf, avait deux militaires en logement chez lui ; le 16 septembre, on lui en envoie deux autres ; il veut faire des observations ; il est traîné au corps de garde de la mairie et reçoit cinquante coups de bâton ; le soir, vingt-deux coups de surplus lui sont administrés dans la cour de la mairie.

Un Autrichien entre dans la maison du garde champêtre de Gâcogne et veut forcer une armoire. La femme essaie de s'y opposer ; elle est blessée mortellement d'un coup de sabre. A ses cris, son mari accourt ; il est tué d'un coup de fusil.

Le 28 août, des soldats français, rentrant dans leurs foyers, passaient près de Mesves ; ils sont assaillis par une troupe d'étrangers qui veulent absolument s'emparer des shakos des Français. J.-B. Tondu, sergent au 8e régiment de tirailleurs, veut résister ; il est mis à mort. Son assassin passe devant le conseil de guerre à Pouilly et est acquitté.

Près de Menou, le charretier de Frottier, notaire à Varzy, est réquisitionné pour amener du bois ; sa voiture s'embourbe ; les militaires qui l'accompagnent frappant ses bœufs, il les prie de ne pas leur faire de mal ; aussitôt ils se précipitent sur lui et le tuent à coup de sabres et de baïonnettes.

Un hussard est trouvé mourant sur la route d'Anthien à Saint-Martin-du-Puy. La bourre de fusil trouvée près de lui, portant des « caractères non français », laisse supposer que l'assassin est étranger au pays. Peu importe, avant toute enquête, le commandant de Clamecy écrit : « Je vous somme, Monsieur le Préfet, d'employer tous les moyens pour découvrir les malfaiteurs et me les livrer, et dans le cas contraire je serai obligé de punir l'innocent avec le coupable ». Il ordonne d'arrêter, comme otages, les trois personnes les plus riches de Saint-Martin et de les conduire à Clamecy ; il veut imposer une contribution de 10.000 fr. sur la commune et menace, si le coupable n'est pas livré dans les huit jours, d'incendier le village. Il s'agissait d'un déserteur tué par un autre déserteur.

Deux jours après, un caporal, passant dans le bois de la Motte, près Billy, prétend que des coups de fusil ont été tirés sur lui. Sans aucune preuve, on menace le village du même sort que celui de Saint-Martin ; on veut rendre le sous-préfet de Clamecy responsable.

A Nuars, cinq personnes sont blessées à coups de sabre.

Le 20 juillet, un soldat est tué à Courcelles. A dix heures du soir, les troupes envahissent le village, enfoncent les portes. Quatre otages sont emmenés d'abord à Clamecy, puis à Dijon. Ils étaient en route pour l'Allemagne, lorsque la comtesse Duquesnay obtint des autorités supérieures qu'ils fussent ramenés à Nevers, où on les maintint en prison.

A Billy-sur-Oisy, des militaires se saisissent de l'aubergiste Roblin, le frappent, le traitent « tel qu'un cheval », le font mettre à genoux, lui font embrasser leurs bottes et ne le relâchent que « sous la condition qu'il leur amènerait quatre jolies filles de quinze ans ». Ils entrent dans la maison dans laquelle était en nourrice l'enfant de Garnier, tanneur à Clamecy, en chassent tous les habitants, à l'exception d'une femme septuagénaire, prennent l'enfant, le mettent dans une chaudière pleine d'eau, sous laquelle ils allument du feu et s'enfuient ; la vieille femme parvint à sauver l'enfant. Ce fait est attesté par un procès-verbal du garde champêtre.

Le 24 juillet, les chasseurs du Loup entrèrent à Corbigny, qui « a souffert toutes les horreurs d'une ville prise d'assaut ». Les habitants qui le purent se précipitèrent dans les bois. « Le pillage a été général ; les fermetures les plus solides ont été brisées ; les hardes, le linge ont été pris ; les meubles fracturés ; les bestiaux restés dans les étables tués, et, pour comble d'infortune, le viol a été tenté dans plus de trente maisons, mais la fuite des personnes attaquées n'a permis à la brutalité des effrénés que la consommation de deux de ces crimes atroces sur deux femmes sexagénaires ; plus de cent personnes ont été battues et mutilées à tel point qu'il en coûtera la vie à plus d'une ».

A Menou, « des soldats effrénés se jetèrent sur plusieurs femmes, leur arrachèrent leurs fichus, leurs coëfes, leurs croix, leurs bagues, leurs poches et le peu d'argent qu'elles avaient ; les draps, les vêtements, les meubles, les brebis, les cochons, rien n'a été épargné ».

La commune de Cuncy fut livrée au pillage pendant deux jours entiers.

A Châteauneuf, Cessy, Chasnay, etc., « tous les objets que les malheureux habitants n'avaient pas eu la précaution de cacher » sont pillés.

Aux Bertins, commune de Narcy, trois lanciers de la garde du prince de Wurtemberg sont assassinés. Le village tout entier est livré aux flammes ; treize familles restent sans asile. A compter de ce jour, les soldats des environs « n'étaient plus des hommes, mais des diables ». C'était « une troupe de chiens enragés ».

Dix jours après, un hussard est tué près de la même localité, à dix heures du soir. Toute la nuit, les villages voisins sont fouillés ; on perquisitionne avec brutalité ; six arrestations sont opérées. Germain Bossuat se reconnait l'auteur du meurtre ; il est condamné à mort par le conseil de guerre de Cosne. Le prince de Hesse-Hombourg lui fait grâce « en faveur du duc de Tarente » et le condamne à une amende de 100 fr., sous la condition que, « pour sa propre sûreté », il restera en prison jusqu'au départ des Alliés.

A Entrains, quittant la ville, les troupes se font délivrer un certificat constatant qu'elles se sont conduites honnêtement ; mais à peine sont-elles parties que les habitants font entendre les plus vives protestations. Ils ont signé ce certificat sous la menace, mais ils ont été volés, beaucoup ont été blessés, le désespoir les a forcés à quitter leurs demeures.

Le château de Saint-Martin est mis à sac. Le propriétaire, Louis de Sainte-Marie, premier adjoint de Nevers, croit que sa qualité de chevalier de Saint-Louis sera un titre pour obtenir justice auprès de ceux qu'il considère comme étant entrés en France pour rétablir le roi. Il porte plainte aux autorités militaires de Nevers ; il lui est répondu de s'adresser à Saint-Saulge : on lui donne une lettre de recommandation pour le commandant de cette ville. « Il a la bonne fois (sic) de l'envoyer ». Le commandant du régiment de Lippe vient faire une enquête ; il déclare que « le capitaine Diétricht s'est contenté de la mauvaise table qu'un simple soldat n'aurait pas voulu » ; l'intendant de Saint-Martin, comme ayant fait de faux rapports, est battu par les soldats, menacé d'être fusillé, emmené pour quinze jours en prison. A son départ du château, l'enquêteur a soin d'emmener le cheval du propriétaire, qui ne le revit jamais.

Dans certaines parties du département, les Allemands coupèrent les blés avant leur maturité pour leurs chevaux ; ils arrachaient les pommes de terre non encore mûres, prenaient les plus belles, jetaient les autres.

« Les nouvelles sont affreuses », disait le sous-préfet de Château-Chinon. D'après celui de Cosne, les habitants, « désespérés, veulent, en partant, mettre le feu à leurs maisons ».

« J'ai voulu, écrit le maire de La Marche, faire des observations aux officiers, qui me traitèrent comme un chien et me firent réponse à coups de plat de sabre, parlant de me faire fusiller ». Celui de Livry : « Le viol, le malheur d'un grand nombre d'habitants, qui ont été meurtris à coups de sabre et de bourrades de fusils, la rupture des meubles et le vol des effets sont à l'ordre du jour des soldats alliés ». Le maire de Magny-Cours : « Les circonstances sont telles que la moitié de mes paysans et toute ma maison m'ont quitté cette nuit, me trouvant seul chez moi avec 50 ou 60 hommes et autant de chevaux à nourrir, des ordres à donner que personne n'exécute et les menaces effroyables que me répètent sans cesse ceux qui m'entourent.. Les forces m'ont abandonné, et au moment où vous recevrez ma lettre, je serai déjà bien loin ». Son voisin, le maire de Cours : « Je quitte ma maison aujourd'hui et j'abandonne tout ».

De toutes parts ce ne sont que plaintes et malédictions. Au milieu de ce concert on ne trouve qu'une seule note discordante. Saint-Aubin-les-Chaumes est occupé par un détachement hongrois dont le commandant s'est tellement « distingué par sa bonne conduite qu'on regrette de ne pas savoir son nom ».

Contre ces abus de la force que pouvait l'administration française? Rien. Devaines faisait son possible. Ses protestations, ses observations sont incessantes, mais inutiles. Elles finirent par fatiguer les officiers supérieurs. A leur arrivée, les Alliés avaient posé une garde d'honneur à sa porte. Le 19 août, il recevait la note suivante : « Comme M. le préfet, par ses faux rapports, s'est rendu indigne d'une garde d'honneur, on la lui ôtera de son hôtel par ordre du commandant de place ». Désormais, il n'y eut plus de factionnaire devant la préfecture.

Voici l'article que publiait le *Moniteur universel*, au milieu de toutes ces tristesses, le 5 septembre : « Cosne, le 26 août. Il est des jours dont le retour périodique apporte le contentement et l'allégresse dans les chaumières comme dans les palais, dans les bourgades comme dans les cités, tel est celui qui a dû permettre à tous les bons Français d'oublier tous les malheurs personnels, tous les malheurs de la patrie, pour ne nourrir leur cœur, pour n'occuper leur esprit que de ces sentiments pieux et consolateurs qu'inspire le retour du plus tendre des pères dans le sein de sa famille bien-aimée.

» Depuis trois semaines, les troupes alliées de Hesse-Darmstadt, sous les ordres de S. A. Mgr Emile, sont venues remplacer les troupes autrichiennes, sous les ordres de l'archiduc Maximilien. Ces troupes se distinguent par une discipline sévère et une excellente tenue. Hier 25 a été pour cette cité et pour tous ceux qui l'habitent un jour de fêtes, celles des deux souverains, objets des vœux et de l'allégresse des peuples.

» Dès le matin, les troupes hessoises stationnées à Cosne et dans les contrées voisines se sont réunies en bataille sur la principale place de la ville. Après diverses évolutions, elles se sont formées en carré et ont été passées en revue par S. A. Mgr le prince Emile, fils de Louis X, grand-duc souverain de Hesse-Darmstadt, par leur prince, qui saisit cette occasion pour distribuer aux principaux chefs les décorations de l'ordre du Mérite de Hesse-Darmstadt. A deux heures, le prince se rendit à l'hôtel de ville : un banquet avait été préparé dans l'une des salles de la mairie ; tous les officiers de la garnison et des contrées voisines ont eu l'honneur de s'asseoir à la table de Son Altesse : une salve d'artillerie annonça le toast porté au grand-duc souverain de Hesse-Darmstadt. Cet instant a été aussi pour toutes les classes des citoyens le signal d'offrir, dans leurs concerts de famille, au prince rendu à leurs vœux, le tribut annuel de leur amour et de leur fidélité.

» Le soir, la ville entière, par un mouvement spontané, a été illuminée ; partout a été arboré le drapeau blanc, symbole de la paix ; la cordialité la plus affectueuse s'établit entre les soldats et les citoyens ; unis pour une même cause, éprouvant les mêmes sentimens, tous étaient confondus, il n'y avait plus d'étrangers ; l'air retentissait des airs du pays de Hesse-Darmstadt, auxquels se mêlaient aussi les airs d'amour de : « Vive Henri IV ! » et les cris réitérés de : « Vive le Roi ! Vive Louis XVIII ! »

» La fête s'est terminée par un feu d'artifice tiré sous les fenêtres de l'hôtel de S. A. le prince Emile et dont MM. les officiers ont fait les honneurs ».

On serait étonné de voir l'annonce de tant d'allégresse dans Cosne, alors que la ville était accablée sous le poids des réquisitions et les habitants exposés impunément à la brutalité des soldats, si l'on ne savait combien souvent les rapports officiels sont mensongers.

Le mois d'octobre vit s'opérer la libération du département. Déjà depuis le 16 septembre, par suite d'un arrangement entre les gouvernements, les Alliés avaient remis l'administration civile et financière aux autorités françaises. A la nouvelle du prochain départ des étrangers, une certaine agitation se fit sentir dans quelques parties de la Nièvre. On se remit à parler du retour de Napoléon ; des cris de : « Vive l'Empereur ! » se firent encore entendre. Un nommé Jean Godard, qui revenait de Paris, répandit dans les environs de Prémery le bruit qu'un des faubourgs de la capitale n'avait pas voulu se rendre aux envahisseurs ; que les troupes, de part et d'autre, étaient sur le point d'en venir aux mains ; qu'entre Paris et Nevers une ville avait opposé la même résistance ; que le général français qui y commandait avait déclaré qu'il avait des vivres pour cinq ans et qu'il ne se rendrait pas avant de les avoir consommées.

Le préfet ordonna de nouveau le désarmement. Plusieurs des partisans du régime déchu furent mis sous la surveillance de la police, d'autres furent emprisonnés.

Dès les premiers jours d'octobre, les troupes dispersées dans le département commencèrent un mouvement dans la direction de l'Est et quittèrent quelques-unes des localités qu'elles occupaient. Le 6, le sous-préfet de Clamecy écrivait : « Avant-hier soir, l'artillerie hessoise de Cosne est arrivée ici, d'où elle est repartie hier matin avec celle de Clamecy pour Avallon. Le départ a été précédé de quelques désordres. Hier soir est arrivé un ordre de faire faire halte à l'artillerie qui, heureusement pour nous, était partie de grand matin. On tremble ici qu'elle ne rétrograde, parce qu'on aurait deux artilleries pour une, et qu'il n'y a pas de troupe plus exigeante et plus ruineuse. L'incertitude de l'évacuation met le comble à l'anxiété. Tous les détachements stationnés dans différentes communes sont rentrés en ville et la surchargent. Corbigny est évacué, on dit que Lormes l'est aussi ; j'attends la confirmation de cet avis ». Nevers fut complètement libéré le 19, La Charité et Cosne le 23, l'arrondissement de Clamecy le fut le dernier, la ville seulement le 25. Le lendemain, le sous-préfet écrivait : « Mon arrondissement est enfin évacué depuis hier, et quoiqu'à force de réclamations la discipline fut un peu améliorée, cependant les ennemis ne sont pas partis sans de nouvelles exactions et sans quelques désordres inévitables avec les Hessois. Nous avons acheté bien chèrement toutes les diminutions d'oppression qu'ils ont vendues, mais encore a-t-il mieux valu s'armer de patience que de laisser sonner le tocsin dans les campagnes qui commençaient à s'irriter, et Dieu seul sait où quelques jours de plus nous auraient tous entraînés ».

Le départ des Alliés fut partout un soulagement énorme ; à Clamecy, on chanta un *Te Deum*.

On rencontre encore aujourd'hui dans beaucoup de communes du département de la Nièvre des familles portant des noms à consonnances étrangères. Elles tirent, dit-on, leur origine de soldats de l'armée d'occupation restés dans le pays après le départ de leurs camarades. Ces familles ne descendent-elles pas plutôt de prisonniers internés pendant les guerres de la République et de l'Empire ? Un nombre assez considérable de ces prisonniers renoncèrent à retourner dans leur patrie et déclarèrent dans les municipalités leur intention de se fixer en France ; à Nevers seulement, nous trouvons 23 de ces déclarations en 1812, 4 en 1813, 22 en 1814 et 4 en 1815. La plupart de ces anciens militaires naturalisés se sont mariés et ont formé souche, tandis qu'il est peu probable que des envahisseurs de 1815 se soient établis dans notre contrée ; ils auraient été trop mal accueillis par suite des haines qu'ils avaient accumulées contre eux.

NOTES SUR NEVERS

Pendant les années 1813, 1814 et 1815

Par Edmond DUMINY

Lorsque commença l'année 1813, la ville de Nevers était administrée par le comte Chabrol de Chaméane, maire, ayant comme premier adjoint Louis Rapine de Sainte-Marie et comme second adjoint Carymantrand-Robelin ; le premier occupait ces fonctions depuis le 29 septembre 1808 et les deux adjoints depuis le 5 avril 1809. Le conseil municipal, qui aurait dû comprendre trente membres, n'en comprenait réellement que vingt-deux, dont la plupart étaient en exercice depuis le 26 floréal an VIII.

Les circonstances étaient graves. La Grande Armée avait disparu dans les neiges de la Russie. Pour lutter contre l'Europe coalisée, la France devait s'imposer des sacrifices de toutes sortes. Dans toutes les parties de l'Empire les préfets s'efforçaient de provoquer des manifestations de patriotisme et de dévouement à Napoléon. Le 19 janvier, les membres du conseil municipal assemblés à l'instigation du baron de Breteuil, préfet du département : « considérant que l'insubordination et la perfidie de l'un des généraux d'une puissance alliée doit avoir affaibli les moyens qu'emploie le génie de Napoléon pour réprimer les perturbateurs du repos des nations, conquérir la paix au continent et maintenir le peuple français dans cette glorieuse carrière où il l'a replacé ; que dans une guerre dont le théâtre est immense et qui a pour objet les plus grands et les plus nobles intérêts, les pertes journalières exigent des remplacements continuels, et que ces pertes ne sauraient être réparées par les voies ordinaires ; que c'est dans les circonstances fâcheuses précisément que le vrai patriotisme trouve les plus belles occasions de signaler son dévouement à la chose publique, et qu'il appartient à la ville chef-lieu de ce département d'en donner l'exemple aux communes qui le composent », prirent la décision suivante : « La Ville de Nevers offre à Sa Majesté l'Empereur et Roi cinq hommes qu'elle montera et équipera à ses frais, et qui devront joindre sans délai les glorieux étendards de Sa Majesté ».

En même temps ils votèrent cette adresse : « Sire, quel Français pourrait oublier que Votre Majesté impériale et royale fut choisie par la Providence pour opérer des prodiges inespérés, replacer la France au premier rang des nations et lui rendre, par l'éclat des exploits militaires et la sagesse des institutions civiles, sa gloire quelque temps obscurcie ? L'Angleterre, s'applaudissant de la trahison d'un général déshonoré, espérerait-elle faire pâlir encore une fois l'astre de la France et rouvrir sur cette heureuse contrée la boîte de Pandore à jamais fermée par les mains augustes de Votre Majesté impériale et royale ? Non, Sire, la perte de quelques chevaux, victimes de l'intempérie des saisons, la défection de quelques lâches, indignes d'être comptés au nombre de vos fidèles alliés, ne suffisent pas pour produire un résultat si funeste. Un supplément de cavalerie est nécessaire à Votre Majesté impériale et royale pour conquérir la paix. La France, comme la terre de Cadmus, enfantera des soldats. Paris a donné l'exemple à l'Empire ; nous lui envions ce bonheur ; mais du moins c'est à Nevers à le donner au département. Interprètes de nos concitoyens, nous supplions Votre Majesté de daigner accepter l'offre de cinq cavaliers montés et équipés et d'agréer l'hommage du profond respect avec lequel nous sommes, Sire, de Votre Majesté impériale et royale, les très humbles et fidèles sujets ».

Six jours plus tard les maires des quinze communes composant alors le canton, réunis à Nevers, envoyèrent une nouvelle adresse : « Sire, le monde retentit du bruit de la conspiration formée par les éléments contre vos phalanges toujours victorieuses et secondée encore par l'indigne conduite du général de l'un des rois vos alliés. Ce n'est pas l'effroi, c'est une ardeur nouvelle, c'est l'enthousiasme que ces événements excitent dans l'âme du pays régénéré et gouverné par Napoléon. Toutefois, ils ont causé des lacunes dans les vastes mesures que Votre Majesté avait prises pour arracher à ses ennemis le brandon de la discorde et les torches de la guerre. Nos aïeux, Sire, nous ont appris ce qu'il y avait à faire dans de telles conjonctures. A l'exemple de la ville chef-lieu du canton de Nevers, les communes qui le composent offrent à Votre Majesté trois cavaliers montés et équipés et qui, au premier appel, iront rejoindre ses vieilles bandes. La France n'ignore pas, Sire, que vous n'aspirez qu'à donner la paix au continent ; elle met sa confiance dans le Dieu qui la protège, dans le Dieu qui inspire votre génie et qui veut que la patrie vous doive son salut, sa gloire, son repos et son bonheur. Nous supplions Votre Majesté de daigner agréer cette offre et l'hommage du plus profond respect avec lequel nous sommes, Sire, de Votre Majesté impériale et royale les très fidèles sujets ».

Le dimanche 14 février, un *Te Deum* fut chanté solennellement en la cathédrale, « en actions de grâces du Concordat passé, le 26 janvier, à Fontainebleau, entre Sa Sainteté et Sa Majesté, pour le rétalibssement de la paix de l'Eglise ». Toutes les autorités, le préfet en tête, et un détachement de cent hommes de la garde nationale y assistèrent.

Un décret impérial du 15 mars appela le baron de Breteuil à la préfecture des Bouches-de-l'Elbe. En lui notifiant sa nomination, le ministre lui enjoignait de se rendre à Hambourg le plus promptement possible. De Breteuil mit un empressement extrême à obéir. Averti de son changement le 21, six heures après il avait définitivement quitté Nevers, sans même avoir pris le temps de faire ses adieux aux autres fonctionnaires qui ne connurent son départ que le lendemain. Il fut remplacé, à la tête du département, par Joseph Fiévée, ancien proscrit du 18 fructidor, ancien correspondant de Bonaparte. auteur du roman alors célèbre, *La dot de Suzette*, qui prit possession de ses fonctions le 8 avril.

Un autre décret du 3 avril maintint la municipalité dont le mandat était légalement expiré le 31 décembre précédent. L'installation et la prestation de serment eurent lieu le 18 mai. Ce jour-là, « à onze heures un quart environ, un des huissiers de la préfecture vint annoncer que M. le préfet se dispose à se rendre à l'hôtel de la mairie. Aussitôt une députation du conseil municipal, ayant à sa tête l'un de MM. les adjoints, et précédée des tambours et de la musique, s'est transportée au-devant de M. le préfet. Un moment après, ce magistrat arrive avec son cortège, accompagné de M. le secrétaire général de la préfecture, et il est introduit par M. le maire qui était allé le recevoir au pié de l'escalier ». Après la lecture du décret de nomination, « qui a été suivie de cris de : Vive l'Empereur ! et d'une symphonie, M. le préfet a improvisé un discours dans lequel, s'adressant à MM. le maire et ses adjoints, il a remarqué que leur nouvelle nomination est une preuve qu'ils ont justifié la confiance qui avait porté Sa Majesté impériale et royale à les nommer déjà il y a cinq ans et que cet acte lui paraissait être un gage des nouveaux efforts qu'ils feraient pour remplir les vues du gouvernement », puis le serment fut prêté. Cinq jours auparavant, le conseil municipal s'était réuni et les membres « ont délibéré et arrêté qu'une députation de cinq d'entre eux irait, sans désemparer, féliciter M. le Maire, tant sur l'équité constante que sur l'économie et l'utile emploi des revenus qui caractérisent son administration. Sur le champ, cette députation a rempli sa mission près de M. le Maire qui l'a priée de vouloir bien recevoir, au nom du conseil, ses empressés remerciements de l'honneur qu'on venait de lui faire ».

Le dimanche 20 juin, tous les fonctionnaires, le maire, les adjoints, les membres du conseil municipal, les professeurs et les élèves du collège, assistèrent à la procession du Saint Sacrement, à l'issue de laquelle fut chanté, en l'église Saint-Cyr, un *Te Deum*, en actions de grâces de la victoire remportée à Wurtzen par les armées françaises.

A la suite de la séance du Sénat du 7 octobre 1813, dans laquelle la régente Marie-Louise avait fait appel à tous les Français, les préfets furent chargés d'exciter à de nouvelles manifestations de dévouement. Le 17, Fiévée écrivait au sous-préfet de Nevers (1), confidentiellement, en traçant le canevas d'une adresse, comme un professeur à ses élèves ; « La séance du Sénat du 7 de ce mois, présidée par Sa Majesté l'Impératrice, a produit un grand effet sur le cœur de tous les Fran-

---

(1) A cette époque, les villes chefs-lieux de département avaient un sous-préfet comme les autres arrondissements.

çais. Ma correspondance particulière m'apprend que les *bonnes villes* de l'Empire vont députer vers Sa Majesté, pour lui renouveler le serment, si naturel en France, de tout sacrifier plutôt que de recevoir la loi de l'étranger.

» Dans les départemens où il n'y a pas de *bonnes villes*, et celui-ci est du nombre, ma correspondance particulière me marque également que les villes principales feront des adresses dans le même sens. Ces adresses seront envoyées par les maires aux préfets : les préfets les feront passer au ministre de l'intérieur qui les présentera à Sa Majesté.

» Quand les départemens de l'Empire protestent de leur dévouement, le département de la Nièvre, composé de provinces centrales et de tout temps parties principales de la France, ne restera pas muet.

» Je pense que dans votre arrondissement la ville de Nevers doit présenter une adresse.

» Elle peut contenir : 1° l'éloge de l'impératrice régente, éloge qui ressort naturellement de ce qu'elle a dit dans la séance du Sénat du 7 de ce mois, et de l'impression que ces paroles ont faite sur le cœur des Français.

2° L'élan généreux qui animerait tous les Français, s'il en était besoin, pour conserver à la France la gloire qu'elle s'est acquise par les victoires et les grandes combinaisons du prince qui la gouverne.

» 3° L'assurance qu'aucun sacrifice pécuniaire ne saurait coûter à des Français animés de tels sentiments.

» 4° Offrir, pour preuve de la vérité des promesses faites en ce moment, toutes les promesses accomplies dans chaque partie de ce département, où la voix du Souverain ne se fait jamais entendre sans exciter le zèle de tous les habitans.

» En vous donnant ici quelques idées principales, je suis loin d'en prescrire l'usage ; la vérité des sentimens n'a pas qu'une seule expression ; de même qu'en indiquant des adresses courtes, je ne prétends pas qu'on doive s'interdire les développemens. Tout dans ce genre est bien, pourvu qu'il y ait convenance et dignité d'expressions ».

Le conseil municipal se réunit donc et vota l'adresse suivante : « Madame. Les paroles mémorables prononcées par Votre Majesté, dans la séance du Sénat du 7 de ce mois, ont retenti dans tout l'Empire et ont fait une vive et profonde impression dans le cœur de tous les Français, qui y ont reconnu le langage touchant d'une mère à ses enfants.

» La nation française, Madame, connaît les prétentions et les artifices des ennemis de Sa Majesté l'Empereur, votre auguste époux, mais elle connaît encore mieux son devoir et ne répond à leurs menaces que par de nouvelles protestations de fidélité, d'amour et de dévouement au héros qui la gouverne.

» La ville de Nevers, Madame, s'empresse à son tour de déposer au pied du trône de Votre Majesté impériale et royale l'expression de son dévouement et la promesse de faire tous les sacrifices que les circonstances pourraient exiger. Elle donne à Votre Majesté pour garant de cette promesse l'exactitude et la célérité avec lesquelles ont été exécutées par les habitants de cette ville toutes les mesures jusqu'alors réclamées pour le soutien du trône et la gloire de la France ».

Cette adresse fut votée après le rejet d'un premier projet dans lequel les sentiments de dévouement à l'Empereur étaient énoncés en termes beaucoup plus vifs et qui contenait le passage suivant : « Parce que, en dernier lieu, Sa Majesté l'Empereur, avare du sang de ses peuples, a refusé de suivre la victoire aussi loin qu'elle semblait vouloir le conduire, parce que l'Angleterre a suscité pour un moment de nouvelles armées contre Sa Majesté, ses ennemis et les vôtres, Madame, sont devenus injustes, durs et inflexibles dans leurs prétentions... Que disons-nous ? Ils vont peut-être, dans leur présomptueux délire, jusqu'à calomnier la France, jusqu'à la croire capable d'ingratitude. Peut-être se sont-ils bercés de la folle espérance que des Français pourraient... Mais Votre Majesté, Madame, entend les cris d'indignation qui s'élèvent de tous les points de l'Empire. Déjà elle entend la nation attaquée répondre aux insultes de l'ennemi par de nouvelles protestations de fidélité, d'amour et de dévouement au héros qui la gouverne ; elle entend trente millions de sujets dire qu'ils sont prêts à tout sacrifier pour aider Napoléon, s'il en était besoin, à maintenir la France au degré de gloire et de supériorité où ont su l'élever son génie et ses armes et à donner encore la loi à l'étranger, bien loin de la recevoir de lui ».

Malgré la tristesse des événements, le dimanche 5 décembre fut célébré avec le cérémonial ordinaire l'anniversaire du couronnement de l'Empereur et de la bataille d'Austerlitz ; un *Te Deum* fut chanté en l'église Saint-Cyr.

Vers la fin de 1813 le nombre des prisonniers de guerre internés dans le département, et particulièrement dans le chef-lieu, augmenta d'une manière considérable. On en trouvait à Nevers pour ainsi dire de toutes nationalités : Anglais, Maltais, Allemands, Hongrois, Russes, etc., les plus nombreux étaient les Portugais et les Espagnols. Au mois de janvier 1814 on en compta un moment 5.000 réunis dans notre ville. Outre les prisonniers proprement dits stationnaient aussi quelques otages espagnols, parmi lesquels deux prêtres de Pampelune. Jean-Charles Vidorre et Martin Perez, qui pendant environ deux ans vinrent en aide au clergé catholique français alors peu nombreux. A cette époque séjournèrent également, pendant une huitaine de jours, quatorze cents hommes provenant d'un régiment de hussards croates « désarmés à Dijon par ordre de l'Empereur ». Si l'on ajoute à tout ceci la garnison, composée d'une partie du 144° de ligne, les conscrits de tous les points du département et des départements voisins, les convois de réfractaires et de gardes nationaux de divers départements, les militaires de toutes armes, soit isolés, soit par détachements et qu'il fallut loger au nombre de 3.028 en novembre, 3.260 en décembre, 13.049 en janvier et 7.258 en février, on comprendra quel encombrement devait en résulter dans une ville de 12.000 âmes.

Il était difficile de loger tout ce monde, d'autant plus qu'il y avait danger de réunir diverses catégories dans les mêmes locaux. La caserne recevait en même temps des otages et des prisonniers espagnols, des militaires français, des conscrits de passage. Malgré les postes chargés de la garde, cette situation amenait fréquemment des rixes. Ce fut pis encore après l'arrivée des Croates : ceux-ci manifestèrent les plus mauvaises intentions, on dut prendre contre eux des mesures énergiques et renforcer les postes de police. On les fit partir pour Bourges par détachements escortés par la gendarmerie et la garde nationale. Le 25 janvier un de ces détachements se révolta à La Charité. La plus grande partie de la garnison et les soldats de passage logeaient chez les habitants ; c'était pour eux une lourde charge. Beaucoup arrivaient malades, manquant de tout. Le 17 février 1814, le major du 144e constatait comme une amélioration que parmi les militaires de son régiment logés en ville, il n'en restait plus que 72 atteints de la gale, et il ajoutait que tous les soldats arrivant isolés de l'armée avaient la même maladie.

Tous les bâtiments publics étaient remplis, la municipalité dut s'aboucher avec le propriétaire de l'ancien couvent des Jacobins pour y entasser une partie des prisonniers de guerre.

Dans le mois de janvier, 1.800 prisonniers espagnols quittèrent la ville et furent remplacés par 1.200 autres de la même nation ; à peine les Croates furent-ils partis que Nevers reçut 1.200 Portugais.

Continuellement on devait mettre en réquisition toutes les voitures et tous les chevaux se trouvant dans la commune pour des transports de toutes sortes : le 19 janvier il faut emmener 104 réfractaires ; le 20, les femmes et les enfants d'officiers anglais, prisonniers à Nevers, qui avaient fait venir leurs familles ; le 22, 40 officiers espagnols accompagnés de 8 femmes et 2 enfants ; le 30, 100 blessés à transporter à Melun et à Lyon et 80 malades à Auxerre ; le 24, 35 prêtres, détenus politiques, venant du fort de Pierre-Châtel sous la conduite d'un officier de gendarmerie, etc. Journellement ce sont des convois de prisonniers de guerre à conduire à La Charité, à Saint-Pierre-le-Moûtier, à Moulins. Pour éviter ces réquisitions incessantes, des propriétaires envoient leurs chevaux à la campagne, d'autres même quittent la ville.

Le 23 janvier, le maire prenait l'arrêté suivant : « Considérant que les réquisitions de voitures faites ces jours derniers pour suppléer le service des convois ont manqué totalement leur but et ont été mal exécutées ; qu'un pareil état de choses, s'il pouvait continuer, causerait un encombrement funeste aux militaires malades ou blessés, aux femmes et aux enfants de troupe, à l'hospice dont il faudrait fermer les portes, et par contre-coup à toutes les classes de citoyens ;

» Considérant que la place de Nevers est dans une position extraordinaire, et que le service des convois ne peut être assuré que par des moyens de même nature,

» Avons arrêté et arrêtons :

« Article premier. — Dans les vingt-quatres heures qui suivront la publication ou l'affiche du présent arrêté, tout manufacturier, cultivateur, voiturier, charretier, sans autre exception que le maître de la poste aux chevaux, tout particulier, possesseur ou détenteur de chevaux de trait, en fera ou enverra faire la déclaration à la mairie, où il en sera dressé un registre exact.

» Sont compris dans l'obligation ci-dessus imposée : les meuniers, les propriétaires, les fermiers, ou tous autres ayant des chevaux de trait dans l'étendue de la commune.

» Art. 2. — Dans le même délai, semblable déclaration sera faite par tout marinier possesseur de toues ou d'autres bateaux susceptibles d'être utilisés pour le service des convois, lorsque la Loire sera redevenue navigable.

» Art. 3. — Les propriétaires ou détenteurs de chevaux de trait et les mariniers qui seront absents, lors de la publication du présent, seront remplacés, pour la déclaration, par leurs femmes, enfants, domestiques, etc.

» Art. 4. — Les déclarations seront vérifiées par des délégués de la mairie, qui se transporteront au domicile des déclarants et feront des informations pour connaître le nombre de chevaux et de voitures entretenus dans chaque établissement, manufacture, usine ou exploitation quelconque.

» Art. 5. — Immédiatement après l'enregistrement des chevaux et voitures, il sera procédé à un tirage au sort pour déterminer l'ordre dans lequel chaque propriétaire sera requis de fournir les attelages nécessaires au service.

» Art. 6. — A compter du mardi 1er février, il y aura chaque jour, dès huit heures du matin, sur la place des casernes ou dans le manège, un parc de voitures attelées en nombre suffisant pour le transport de 48 personnes et de leurs bagages. Les voitures seront requises et fournies dans l'ordre du tirage au sort. Les particuliers qui les amèneront au parc auront l'attention de se munir de fourrages, pour la nourriture des chevaux pendant toute la journée jusqu'à quatre heures du soir.

» Art. 7. — En cas d'insuffisance des voitures parquées, il en sera requis d'autres à tour de rôle.

» Art. 8. — Lorsque l'état de la rivière de Loire permettra la navigation, il sera formé dans la gare, à l'endroit du port le plus abordable, un rassemblement de bateaux, en nombre suffisant pour le transport de 100 personnes de Nevers à La Charité ».

Dans le mois de février, la quantité des blessés et des malades, qui furent évacués sur Nevers, fut telle qu'on ne put les loger à l'hospice. Les habitants les plus aisés durent les recevoir à leur domicile, et furent obligés de les nourrir et de les soigner à leurs frais ; ils pouvaient cependant se dispenser de cette charge et les placer à l'hôpital, à la condition de payer un franc par jour et par homme. Cette obligation ne les déchargeait aucunement du logement des militaires qui continuaient à traverser la ville. L'affluence des blessés fut à peu de chose près la même dans le mois de mars, mais le passage des prisonniers de guerre augmenta encore. Tous les jours, ce sont des convois entiers qu'on rencontre dans les rues. Le 4, ce sont les Russes ; le 6, encore des Russes et des Prussiens ; le 8, d'autres Prussiens et des éclopés de diverses nations ; le 9, 1.500 prisonniers, dont 1.200 sont obligés de rester à Nevers ; du 14 au 17, il passe 3.400 Espagnols ; le 19, 1.000 prisonniers arrivent brusquement, sans que l'administration en soit avisée ; le 24, deux convois de 900 soldats, comprenant surtout des malades ; le 25, 1.500 prisonniers ; le 26, d'autres prisonniers, au nombre de 1.356, au sujet desquels le commissaire des guerres écrivait au maire : « Une vingtaine de gens estimables peuvent être logés chez l'habitant. Pour le surplus, comme le manège, seul logement à votre disposition, ne peut contenir au plus que 800 hommes, je vous prie de faire placer l'excédent dans les écuries des grandes auberges de la ville, où l'on enverrait de préférence les Autrichiens, qui sont tous assez propres, et les Russes et Hongrois resteraient au manège dont il faut rafraîchir la paille ». Le 27, les boulangers devaient fournir 4.000 rations de pain pour les prisonniers qui passaient, ils n'en purent fournir que 2.374 ; le 28, il fallait encore 3.000 autres rations.

Une lettre d'un caporal de la garde nationale, du 30 mars, fait voir comment étaient traités les blessés : « Permettez que pour amour pour l'humanité, j'aye l'honneur de vous adresser quelques observations, que je crois très fondées, tant sur les malheureux prisonniers de guerre que pour la salubrité publique. Je crois de la plus grande nécessité de placer, au centre du manège, une lampe que les prisonniers ne puissent toucher, mais qui les éclaire pour aller à leurs besoins, car le malheureux malade, entassé parmi ceux qui le sont moins, est-il obligé de se traîner à tâtons au travers d'eux ; il les foule, ceux-ci le frappent, le hazard veut quelques fois que ce soit sur ses playes ; de là, des cris affreux, qui, je crois, seraient évités s'il y avait une faible lumière. Au départ des prisonniers, autre scène plus déchirante encore. J'ai vu, au départ d'hier matin, l'officier français, chargé de les conduire à destination, forcer les malades et blessés de se relever, les frapper ensuite pour les contraindre à marcher ! M. le maire, il me semble que la présence, au départ, du commissaire de police et d'un officier de santé éviteroit bien des abus, car ces malades et blessés sont transportables ou ne le sont pas, ils sont chargés sur les voitures. Il arrive d'autres inconvénients : les voituriers ne veulent pas attendre que les malheureux aient reçu quelques secours et veulent s'en aller. Hier, il s'est passé une scène qui ne fait guère honneur à une voiturière de Nevers, que je ne me permettrai pas de nommer. Elle prend quatre malades et blessés dans sa voiture ; les malheureux n'avaient pu se procurer le pain, un ecclésiastique espagnol donne de l'argent pour qu'on en achète, on y court, le factionnaire est obligé de croiser la bayonnette pour contraindre cette mégère à attendre ; elle y est forcée, mais non sans vociférer des sottises, et elle se venge, en quelque sorte, de cette contrainte, lorsqu'elle est libre, en partant au galop avec ses malades et en les froissant... » Le manège, où ils étaient empilés, n'était jamais nettoyé : les blessés, qui ne pouvaient se lever, ne pouvaient même pas étancher leur soif.

D'ailleurs le désarroi se faisait sentir un peu partout. Le 5 février, les quatre compagnies de la cohorte urbaine n'avaient entre elles toutes que 63 fusils « de chasse ou de calibre ». Deux jours plus tard, « le poste de la caserne s'est laissé surprendre faute de sentinelle, on a trouvé dans le corps de garde six hommes endormis, ainsi que le caporal de la 5ᵉ compagnie de la 144ᵉ demi-brigade qui est un enfant de douze à treize ans, nommé Victor, il n'existait qu'un seul fusil, et le caporal a observé que, n'étant qu'un poste de police, il n'avait pas les mots d'ordre et de ralliement ». Le 7 mars, « plusieurs grenadiers se sont présentés au poste en chapeaux ronds et sans armes, le commandant du poste de la caserne et celui d'une patrouille de la 144ᵉ demi-brigade n'avaient pas le mot d'ordre, un tambour du faubourg de la Chaussée s'amusait à battre de la caisse une partie de la nuit ».

Cependant la France était envahie de toutes parts ; les armées étrangères se rapprochaient du centre du pays et le département se trouvait menacé. Le 25 mars, le colonel du 144ᵉ demandait qu'il fût établi un poste à Luzy et un autre à Saint-Imbert. Le même jour, 50 militaires partaient pour la première de ces localités, mais, comme il ne voulait pas dégarnir le chef-lieu, il demandait que Saint-Imbert fût occupé par les gardes nationaux. Le 26, un détachement également de 50 hommes partait de Nevers à cet effet. Le préfet avait ordonné au maire de Chantenay de pourvoir « à leur subsistance fixée à une livre et demie de pain par jour et une livre de viande par chaque homme ». Le pain devait être composé deux tiers de froment et un tiers de seigle.

La garde nationale du département était alors sous les ordres du comte de Forbin-Janson (1), que Napo-

---

(1) Charles-Théodore-Palamède-Antoine-Félix de Forbin-Janson, né à Paris le 16 juin 1783, mort à Paris le 4 juin 1849, fils d'un émigré, cham-

léon avait en outre autorisé à lever dans le pays un corps de partisans, qui rendit quelques services dans la lutte contre les étrangers, en Bourgogne. Bientôt des dissentiments surgirent entre lui et le préfet, qui, le 4 avril, prit à son sujet un arrêté dont voici le texte : « Vu les rapports qui nous arrivent de toutes parts sur la conduite imprudente que tient M. de Forbin-Janson, conduite qui ne peut être attribuée qu'à l'ignorance où il est de l'art militaire, mais qui compromet à la fois la tranquillité du département et la sûreté de beaucoup d'individus ;

» Vu les différentes lettres dans lesquelles M. le sénateur comte de Sémouville, commissaire impérial de la 21e division militaire, nous communique ses inquiétudes sur le résultat des opérations mal combinées de M. de Forbin-Janson ;

» Vu les lettres que nous a écrites M. de Forbin-Janson, dans lesquelles il confond sans cesse ce qu'il peut et doit comme chef de légion de la garde nationale du département et comme chef de partisans et dans lesquelles il ose avouer qu'il a donné des ordres contraires aux nôtres, en ordonnant à plusieurs officiers, qui ont refusé d'obéir, de déranger de force des mesures requises par nous ;

» Considérant que les dispositions faites par M. de Forbin-Janson ont surtout arrêté la formation du contingent de ce département pour la garde nationale active et qu'elles nuisent à la rentrée des contributions,

» Avons arrêté et arrêtons ce qui suit :

» Article premier. — M. de Forbin-Janson est sus-

bellan du roi de Bavière, puis pair de France aux Cent-Jours, chambellan de l'empereur, proscrit à la seconde Restauration, propriétaire du château de Brèves, près Clamecy.

pendu de toutes les fonctions qu'il pouvait exercer comme chef de légion de la garde nationale du département de la Nièvre.

» Art. 2. — Les habitants des communes sur lesquelles il s'arroge un pouvoir qu'il n'a pas et qu'il n'a jamais pu avoir, sont prévenus qu'ils ne lui doivent, comme chef de corps de partisans, que les secours que tout Français porte de bonne volonté à quiconque s'arme pour secouer le joug de l'étranger, mais qu'ils n'ont d'ordres à recevoir que des magistrats.

» Art. 3. — Les habitants de l'arrondissement de Château-Chinon qui ont été appelés pour le contingent de la garde nationale active, et qui ont une dispense de M. de Forbin-Janson, sont prévenus que cette dispense n'est pas valable. En conséquence, ils se rendront à nos ordres sous peine d'être poursuivis aux termes des lois, ainsi que tous ceux qui, en n'ayant de telles dispenses accordées, ont cru qu'ils pouvaient désobéir impunément.

» Art. 4. — Comme chef de partisans, M. de Forbin-Janson reste placé, ainsi qu'il l'a été par M. le sénateur commissaire impérial, sous les ordres immédiats de M. le colonel commandant le département ».

Quand Fiévée signait cet arrêté, depuis quatre jours Paris avait capitulé, la lutte contre l'Europe était terminée, l'Empereur allait abdiquer. Le changement de gouvernement se produisit sans provoquer aucune agitation dans la ville, qui, pendant les premiers jours d'avril, jouit d'un calme relatif par suite de la brusque cessation du passage des troupes et des prisonniers de guerre. Mais ce calme fut de courte durée. Dès le 14 nous voyons des Autrichiens, des Russes et deux convois de 1.100 Espagnols s'arrêter à Nevers ; pendant un mois encore, presque chaque jour, se succèdent Russes, Espagnols, Prussiens, Badois, Wurtembergeois, Bavarois, Hollandais et Suédois en grand nombre.

En attendant qu'elles pussent se rendre dans les places qui leur étaient destinées pour tenir garnison et que les Alliés occupaient, les troupes du deuxième corps de l'armée française, comprenant environ 7.000 hommes et 3 500 chevaux, commandées par le général Gérard, reçurent l'ordre d'aller stationner dans le département de la Nièvre. Elles furent réparties dans les chefs-lieux de cantons et les autres communes ayant des ressources suffisantes. Les maires furent avertis d'avoir à pourvoir à leurs subsistances à raison d'une livre et demie de pain, deux tiers froment et un tiers seigle ou orge, et une demi-livre de viande par jour et par homme. Cette ration était payée 22 centimes pour le pain et 18 centimes pour la viande.

Le quartier général du corps d'armée se fixa à Nevers. La cavalerie légère eut deux divisions, une à La Charité avec le général Duhesme, l'autre à Corbigny, sous les ordres du général Mauriès. Toutes les deux obéissaient au général comte de Saint-Germain, qui résidait à La Charité. La grosse cavalerie, sous les ordres du général Delort, avait son quartier général à Moulins-sur-Allier, et occupait les départements du Cher et de l'Allier, mais avait quelques régiments dans la Nièvre, ainsi le 8e cuirassiers à Saint-Pierre-le-Moûtier et le 10e cuirassiers à Decize. L'artillerie fut établie à Nevers et dans les environs : Pougues, Magny, Saint-Parize-le-Châtel, etc., et à Donzy.

C'est le dimanche de Quasimodo, 17 avril, que les premières troupes du 2e corps firent leur entrée à Nevers, au nombre de 15 à 1.600 soldats. Pendant plusieurs semaines, fantassins, cavaliers, artilleurs, traversèrent la ville, se rendant à leur résidence ou changeant de cantonnements. Un nombreux état-major et plus de 200 officiers demeurèrent dans nos murs. Les ressources manquaient pour assurer les subsistances, aussi les habitants furent-ils obligés, non seulement de loger, mais encore de nourrir les militaires.

Le lendemain, cette affiche était expédiée dans tout le département : « 2e corps d'armée. Au quartier général, à Nevers, le 18 avril 1814. — Ordre du jour. — Actes du gouvernement provisoire : Le gouvernement provisoire, ouï le rapport du commissaire au département de la guerre, arrête ce qui suit :

» La cocarde blanche est la cocarde française ; elle sera prise par toute l'armée.

» Le commissaire du gouvernement au département de la guerre est chargé du présent arrêté.

» Paris, le 13 avril 1814.

» Signé : Le prince DE BÉNÉVENT, le duc DE DALBERT, le général DE BEURNONVILLE, François DE JAUCOURT, l'abbé DE MONTESQUIOU.

» Par le gouvernement provisoire : Signé : DUPONT « DE NEMOURS », *secrétaire général* ».

« Le deuxième corps d'armée arborera sur le champ la cocarde blanche. Le changement de cocarde s'opèrera par les soins des chefs, qui rappelleront à leurs subordonnés qu'un corps qui s'est couvert de gloire dans la campagne qui vient de finir, doit continuer à se distinguer pendant la paix, par sa fidélité à ses drapeaux et par son empressement à exécuter les ordres du Gouvernement.

» En l'absence de Son Exc. le général en chef comte Gérard, commandant en chef le deuxième corps d'armée et le deuxième corps de cavalerie : Signé : le général baron JARRY.

» Pour copie conforme : L'adjudant-commandant, chef de l'état-major général : SAINT-REMY ».

Le changement de cocarde s'opéra sans difficulté dans le 2ᵉ corps. On n'eut à signaler, à cette occasion, que quelques rixes particulières qui n'eurent point de conséquences. Le 20 avril, le sous-préfet de Clamecy écrivait : « C'est aujourd'hui que la troupe arbore la cocarde blanche. M. le colonel a adressé à ses soldats un discours qui fait l'éloge des sentiments qui l'animent ».

La présence d'un corps d'armée entier pesa lourdement sur le département. Des plaintes s'élevèrent bientôt de toutes parts ; les fourrages, les avoines manquèrent dans le pays par suite de la consommation de la cavalerie ; on eut à subir de nombreuses réquisitions. A Nevers, les bouchers devaient fournir « de deux jours l'un la quantité de viande que doivent donner deux bœufs de moyenne grosseur, ce qui pourra faire en tout une consommation présumée de 7.000 livres » ; le 11 mai, ils refusèrent de continuer les fournitures parce qu'ils ne pouvaient être payés de ce qui leur était dû.

Après avoir dominé sur une grande partie de l'Europe, Napoléon se trouvait contraint de se contenter de la souveraineté de l'île d'Elbe. Pour se rendre à son nouveau royaume, il lui fallait traverser la France entière. Il arriva à Nevers le jeudi 21 avril ; des détachements de son ancienne garde l'avaient précédé. Il s'arrêta à l'hôtel de l'Empereur (1). « La ville était pleine d'autres troupes et de plus de 200 pièces d'artil-

(1) Actuellement hôtel de France.

lerie ». Aussitôt arrivé, il demanda à voir le préfet. Celui-ci était absent ; il avait quitté Nevers le 16. On peut être étonné de le voir abandonner son poste dans des circonstances aussi graves, alors que la France changeait de gouvernement et que le département était envahi par tout un corps d'armée. Quelques jours après, il était de retour. Ne devons-nous pas penser que Fiévée, qui s'apprêtait à changer brusquement d'opinion une fois de plus, tenait à ne plus se rencontrer avec son ancien correspondant ? Napoléon demanda ensuite le maire et le chef de la gendarmerie.

De Chabrol et Coste aîné, capitaine de gendarmerie, se trouvèrent dans un grand embarras. Comment devaient-ils se comporter vis-à-vis l'ex-empereur ? Ils consultèrent les commissaires qui l'accompagnaient : il leur fut répondu que si Napoléon n'était plus l'empereur des Français, il portait encore le titre de souverain.

Napoléon posa différentes questions au maire. Il lui demanda quelle était la population de la ville, et pourquoi elle avait diminué. De Chabrol lui répondit que la cause en était dans la conscription.

Le bruit de son arrivée se répandit en ville, et la foule se porta sous les fenêtres de l'hôtel en criant : Vive l'Empereur ! Coste, entendant le tumulte, s'approcha d'une fenêtre et, sur la demande de Napoléon qui s'enquérait de ce qui se passait, dit : « Ce n'est rien, ce n'est que de la canaille ». Plus tard, il se vantait de ne s'être pas même découvert pendant cet entretien.

L'Empereur s'informa si l'on avait des nouvelles du maréchal Augereau et de son armée, et ayant appris qu'elle était en Dauphiné : « Comment, s'écria-t-il, mais c'est à Moulins ou à Clermont qu'elle devrait être. Me voilà encore trompé ».

En terminant, Napoléon fit des questions sur l'esprit

de la ville. Le maire répondit seulement : « On est ami des lois ». « Vous êtes hommes de bien », répliqua-t-il.

Cet entretien eut lieu en présence des commissaires. Le 22, le départ eut lieu à six heures du matin. Les détachements de la garde accompagnèrent l'Empereur jusqu'à Villeneuve-sur-Allier. A partir de ce point, il fut escorté par des étrangers (1). Son passage dans notre ville ne paraît avoir produit aucun effet parmi tant de militaires assemblés.

Le 30 avril, les membres du conseil municipal, « instruits par la renommée, qu'après vingt-cinq années consécutives de révolutions, de guerres tant civiles qu'étrangères, de malheurs et de désastres, la Providence a enfin rendu à la France son monarque légitime, et que c'est demain, premier mai, que Sa Majesté fait son entrée dans la capitale de ses Etats.

» Voulant consigner dans les fastes de la ville le souvenir d'un événement si heureux et si mémorable, et rivaliser d'empressement avec toutes les autres communes du royaume, à déposer aux pieds du trône le témoignage de leur fidélité, de leur amour et de leur dévouement pour Sa Majesté, ont arrêté, à l'unanimité, l'adresse ci-après :

» Sire, Organes d'une cité dont l'amour pour ses rois ne se démentit jamais, nous venons en son nom vous offrir le tribut de son respectueux attachement pour votre auguste personne, et joindre nos acclamations à celles de l'immense famille au sein de laquelle la divine Providence vous ramène.

» Lorsque nos cœurs suffisent à peine aux sentiments d'allégresse qu'ils éprouvent, Sire, il nous est difficile

(1) WALDBOURG-TRUCHSESS, Itinéraire de Napoléon à l'île d'Elbe. — FABRY, Itinéraire de Buonaparte.

d'exprimer à Votre Majesté tout ce que nous ressentons pour elle. Mais l'ivresse que produit votre retour parmi nous est l'excuse naturelle de l'embarras de nos expressions. Cette ivresse, Sire, nous est commune avec les peuples qui nous environnent. Devenu l'heureux lien qui unit la famille européenne, vous êtes en même temps l'objet de toutes ses affections et le centre de toutes ses jouissances. Les nations voisines aiment à s'identifier avec nous pour partager notre bonheur et le Français n'ose, en quelque sorte, ne réclamer que son droit d'aînesse. L'empire que Votre Majesté exerce sur tous les cœurs réalise, pour ainsi dire, cette monarchie universelle, si fatale en politique, mais si douce lorsqu'elle est fondée sur le sentiment.

» Grâces au ciel ! tous nos vœux s'accomplissent. Avec vous, Sire, reviennent en France la religion, les bonnes mœurs, les vertus, l'espoir du bonheur, et le bonheur lui-même, digne cortège du descendant de saint Louis, d'Henri IV et du frère de Louis XVI. Mais si Votre Majesté nous rapporte ce précieux héritage de ses ancêtres, nous lui offrons à notre tour celui que nous ont transmis les nôtres : un amour sans bornes pour notre Roi et son auguste famille. Vive le Roi ! vivent les Bourbons ! »

De Chabrol, maire; de Sainte-Marie, premier adjoint, et Languinier, conseiller municipal, furent délégués pour aller porter cette adresse à Louis XVIII.

Lorsqu'elles arrivèrent dans le département, les troupes du 2ᵉ corps ne recevaient plus leur solde, force avait été aux habitants de recevoir les officiers à leur table ; des fonds ayant été mis à la disposition du ministre de la guerre pour payer un mois de solde et d'appointements, un arrêté préfectoral du 4 mai exonéra de cette charge : « Considérant que l'état déplorable dans lequel Bonaparte a laissé la France sous le rapport des finances avait pu seul engager momentanément les citoyens à offrir leur table aux officiers d'une armée souffrante et non soldée depuis longtemps, mais qu'aucune loi ne les y contraignait, qu'aucun gouvernement ne pouvait les y contraindre puisqu'ils paient non seulement les impositions ordinaires et extraordinaires légalement demandées, mais qu'ils sont encore frappés de réquisitions qui absorbent leurs ressources, et cela dans un moment où le mouvement du commerce est encore suspendu, où aucun traitement, aucune pension, aucune entreprise publique ne sont payés ; considérant qu'on ne peut trop rentrer dans l'ordre, puisque ce n'est qu'à cette condition que les impôts peuvent être perçus et que sans la grande régularité dans la rentrée des contributions tous les services publics et la solde de l'armée seraient de nouveau compromis, en remerciant les habitans du département de la Nièvre du zèle avec lequel ils ont accueilli des officiers que nous pouvons regarder comme des frères abandonnés du gouvernement qu'ils avaient servi avec autant de fidélité que de gloire, puisque nos fils, nos propres parents éprouvèrent au loin ou dans d'autres départements la même ingratitude et le même abandon ».

Le système des réquisitions employé pour subvenir à l'entretien des troupes produisant des plaintes nombreuses, le préfet se fit autoriser par le ministre de l'intérieur à contracter, au nom du département, un emprunt de 100.000 fr. divisé en actions de 250 fr., produisant 5 % d'intérêt. Grâce aux mesures prises par Fiévée, le remboursement des bons de réquisitions, dont le montant s'élevait à plus de 400.000 fr., put s'opérer avec facilité et le préfet pouvait annoncer au conseil général, le 5 octobre 1814, qu'aucune difficulté n'avait surgi à ce sujet.

Une décision du ministre de la guerre du 18 mai ordonna la dissolution du 2⁰ corps d'armée, mais il fallut un certain temps pour que le département fût complètement évacué. A Nevers, le 50ᵉ et le 144ᵉ de ligne restèrent pour tenir garnison. Il était impossible de loger un aussi grand nombre de soldats dans la caserne, aussi environ 800 d'entre eux continuèrent à demeurer chez les habitants ; le 8 août, le conseil municipal émit le vœu que ces deux régiments fussent envoyés dans une autre garnison et qu'une troupe de cavalerie vînt occuper la caserne qui était aménagée à cet effet.

Le rétablissement des Bourbons amena naturellement un certain nombre de changements dans l'administration du département. A Nevers, le préfet et le conseil de préfecture furent maintenus. Les fonctions de sous-préfet, vacantes depuis plusieurs années, furent attribuées le 30 juillet à Henry-Amable de Dreuille, qui prêta serment le 10 août. A Cosne, une ordonnance du même jour remplaça le sous-préfet Masdet par André-François Gouyn de Lurieux ; Robert de Connantre fut nommé à Clamecy, à la place de Laramée, le 9 septembre, et le 20 novembre Janole à la place de Lepayen de Vigneulle. Le commandement militaire du département passa du colonel Van Land au comte de Coetlosquet, maréchal de camp, qui prit possession le 16 juin. L'abbé Groult revint comme administrateur du diocèse.

Le dimanche de la Pentecôte, 29 mai, un *Te Deum* d'actions de grâces, auquel assistèrent les autorités, fut chanté en l'église Saint-Cyr, pour le rétablissement de Louis XVIII sur le trône. Le mardi 7 juin, un service funèbre fut célébré en la même église, « en expiation des attentats commis contre Sa Majesté Louis XVI et son auguste famille ». Voici le texte de la lettre que reçurent à cette occasion tous les notables de la ville : « Messieurs. Vous êtes priés, de la part de l'administration et du conseil municipal, d'assister au service solennel qui sera célébré dans l'église de Saint-Cyr, mardi prochain, sept de ce mois, à dix heures précises du matin, en mémoire de Louis XVI, de Louis XVII, de Marie-Antoinette d'Autriche, reine de France, et de Madame Elisabeth de France. A Nevers, à l'hôtel de la Mairie, le 2 juin 1814. Le maire de Nevers : CHABROL DE CHAMÉANE ». La quête faite à ce service produisit 178 fr. 20. Le dimanche 12 juin, eut lieu une procession solennelle dans les principales rues de la ville, suivie du chant du *Te Deum*, à l'occasion de la fête du Saint Sacrement. La garde nationale en armes y assista, précédée des tambours et de la musique ; des salves d'artillerie, par les canonniers de la garde nationale, eurent lieu à la sortie du dais et à sa rentrée. La veille, le maire avait pris l'arrêté suivant : « Vu le traité de paix entre S. M. le Roi de France et les puissances alliées, conclu à Paris le 30 mai dernier ; considérant qu'après plus de vingt ans d'une guerre soutenue par la France, tour à tour contre tous les peuples de l'Europe, la publication d'un traité qui met fin à l'effusion du sang humain, est ce qu'il y a de plus digne d'exciter l'allégresse publique et sa reconnaissance envers le monarque auteur de ce bienfait, avons arrêté et arrêtons ce qui suit : Art. 1er. Indépendamment des salves d'artillerie qui ont été ordonnées, à l'occasion de la fête du Saint Sacrement, il sera fait, aujourd'hui samedi et demain dimanche, des décharges au sujet de la paix. — Art. 2 Demain dimanche, après la procession, le traité de paix sera publié solennellement, en présence du corps municipal, avec toute la pompe que la localité comporte. — Art. 3. Demain soir, à l'entrée de la nuit, au signal qu'en donneront les coups de canon, tous les édifices publics et les maisons des particuliers seront illuminés d'une manière convenable à la circonstance ».

Nouvelle procession solennelle, le lundi 15 août, pour l'accomplissement du vœu de Louis XIII. Dix jours après, le jeudi 25 août, fut célébrée, avec grande pompe, la fête du roi Louis XVIII, avec nombreuses salves d'artillerie ; le mercredi et le jeudi, *Te Deum*, revue sur la place Ducale de la garde urbaine et de la garnison, banquet de deux cent cinquante couverts pour les autorités ; autre banquet au parc pour les soldats ; bal à la préfecture, bals publics et gratis. « Il est impossible d'imaginer plus d'ordre, de gaîté, et de décence, dit le journal *la Quotidienne*, en rendant compte de cette fête ; jamais on n'avait vu à Nevers tant d'activité, c'était vraiment une fête de famille ». Pour les illuminations, la ville acheta 1.600 petits lampions.

Profitant de certains désordres qui s'étaient produits à un rassemblement, le 13 juin, le maire prit un arrêté prononçant le licenciement de la compagnie des pompiers, que l'on n'était pas fâché de reconstituer sur d'autres bases et avec d'autres officiers. Bathonneau, leur capitaine, les réunit le lendemain, à cinq heures du matin, et leur lut ce discours, où il leur indiquait leurs devoirs : « Je vous ai fait assembler pour vous donner lecture d'un arrêté de M. le Maire, approuvé par M. le préfet. Je vous engage à écouter sans trouble, discussion, ni observation, tout ce que j'ai à vous lire, car je dois rendre compte à l'administration de la manière dont vous vous serez comportés dans cette circonstance. Sans doute que l'arrêté a été pris avec regret par M. le Maire, car il en coûte toujours à un administrateur de sévir contre ses administrés, mais l'indiscipline et l'insubordination qui ont exulté, dimanche dernier, parmi vous, l'ont provoqué. Je n'entrerai avec vous dans aucun colloque ; il me suffit que l'ordre me soit donné pour vous convoquer, pour que je doive obéir et vous faire la lecture de l'arrêté qui licencie la compagnie entière. Ce licenciement ne doit effrayer que ceux qui, sous les armes, ont attiré, par leur insubordination, les regards de l'autorité. Mais dorénavant, lorsque la compagnie sera réorganisée, quel que soit le chef qui vous commandera, vous lui devrez une obéissance absolue, car nul n'a le droit, sous les armes, de faire aucune observation, car, s'il en en était autrement, la confusion et le désordre bientôt s'en mêleraient, les esprits s'échaufferaient, et il en résulterait des scènes scandaleuses. Souvenez-vous que l'homme qui est sous les armes ne doit jamais délibérer, mais qu'il doit suivre aveuglément la marche qui lui est tracée, sans s'inquiéter de la cause qui a produit le commandement qu'il suit. S'il en eût été ainsi dimanche dernier, et que quelques-uns d'entre vous n'eussent pas fait d'observations, ni de réclamations, le désordre ne s'en serait pas suivi, ainsi que les propos qui ont eu lieu, propos qui ont été saisis et remarqués, et qui sont cause de la réprobation de plusieurs d'entre vous... Puisse cette malheureuse circonstance vous rappeler que dans tous les temps, les lieux et les circonstances, un soldat, de quelque grade qu'il soit, doit être soumis aux ordres de celui qui le commande, puisqu'il ne fait que transmettre ceux qu'il a reçus lui-même.. M. le maire connait tous les propos d'insurrection que quelques-uns d'entre vous ont tenus. Que pouvait-il faire de moins que de licencier la compagnie, pour en écarter ceux, qui, par leur conduite, leurs propos et leurs actions, font éprouver aujourd'hui aux gens paisibles la mortification d'un désarmement, qui est la suite nécessaire d'un licenciement, mortification, au surplus, qui deviendra bientôt un triomphe, puisqu'ils auront été distingués de ceux qui sont cause de cette mesure rigoureuse ? ». Après quoi le désarmement fut opéré en bon ordre et sans incident.

Le jour même où fut ordonné le licenciement des pompiers, un autre arrêté du maire, également approuvé par le préfet, décidait la formation d'une garde nationale à cheval « considérant qu'il paraît certain que cette ville sera bientôt honorée de la présence d'un ou de plusieurs princes du sang, que la ville de Nevers qui, lors de l'heureuse révolution du 31 avril (*sic*), a manifesté un si noble enthousiasme, ne doit pas rester en arrière dans une pareille circonstance ». Elle fut formée des membres de la cohorte urbaine, qui avait été créée par décret impérial du 17 décembre 1813, ou de la garde nationale sédentaire, et de « propriétaires recommandables du département ». Le costume fut à peu près celui de la cohorte urbaine, mais le pompon rouge fut remplacé par un panache blanc, la culotte de nankin par un pantalon de nankin, l'épaulette rouge par une aiguillette blanche, et les guêtres par des bottes à la hussarde. Elle fut mise sous les ordres de MM. de Maumigny et de Sainte-Marie, capitaines de la cohorte urbaine des grenadiers.

Le premier membre de la famille royale, qui traversa Nevers, fut la duchesse d'Angoulême. Elle arriva dans notre ville le 28 juin, à environ huit heures du soir. La garde nationale à cheval, la gendarmerie, sous les ordres du colonel Clément, le comte de Coetlosquet, commandant militaire du département, et un groupe d'officiers, allèrent à plus d'une lieue au-devant de la fille de Louis XVI. Les régiments composant la garnison et la garde nationale à pied se postèrent en dehors de la porte de la ville. Son arrivée fut saluée des cris de : Vive le Roi ! Vive Madame ! Vivent les

Bourbons ! Elle fut d'abord haranguée par le préfet, en dehors de la ville. A l'entrée, la municipalité l'attendait à la porte de Paris ; le maire, qui avait vu la duchesse peu de temps auparavant, lorsqu'il était allé porter au roi l'adresse du conseil municipal, lui fit ce discours : « Madame. Il est certaines jouissances dont la source est inépuisable et que l'on croit toujours goûter pour la première fois. Nous en faisons aujourd'hui la douce expérience en réitérant à V. A. R. ces témoignages d'amour et de respect que nous lui offrions, il y a peu de semaines, dans cette capitale où elle vient de recueillir les acclamations de la France entière. Votre présence dans nos murs, Madame, nous permet de particulariser, en quelque sorte, nos hommages, et, quoiqu'ils se trouvent en harmonie avec ceux de tous les Français, il nous est doux de penser que V. A. R. les honorera d'une distinction spéciale. Nous osons dire que les habitants de cette cité ont quelques droits à réclamer cette faveur, par l'attachement qu'ils n'ont cessé de manifester pour votre auguste famille, et par l'ivresse à laquelle ils se sont abandonnés, lorsque la divine Providence l'a rendue à nos vœux. Ces vœux, Madame, ont pour objet particulier V. A. R. ; ils vous environnèrent constamment pendant votre absence, ils sont aujourd'hui satisfaits par votre retour, et ils seraient à leur comble si l'amour que nous portons tous au sang de nos rois, cet amour qui se partage sans s'affaiblir, trouvait, dans un autre vous-même, l'objet d'un nouveau tribut à offrir ».

Pendant que le maire prononçait cette harangue, les habitants avaient dételé la voiture de la princesse et la traînèrent eux-mêmes jusque dans le haut de la ville, à l'hôtel de la préfecture (1), au milieu des cris de:

(1) Evêché actuel.

Vive le Roi ! Vive la duchesse d'Angoulême ! A peine arrivée, Madame reçut les dames de la ville, puis les officiers de la garnison, la garde nationale, les membres des tribunaux, le clergé, les sœurs de la congrégation de la Charité, sous la conduite de leur supérieure générale. On eut ce jour-là, à Nevers, « le spectacle inouï jusqu'alors d'une affabilité et d'une condescendance de la part de la princesse, d'un enthousiasme et de transports de la part du peuple, qu'on peut bien sentir mais qu'il est impossible de décrire ».

A neuf heures et demie, Madame dîna dans un des salons de la préfecture, ayant à sa droite le préfet, à sa gauche le maréchal de camp, commandant le département, et à sa table, la duchesse de Serent, les comtesses de Choisy et Etienne de Damas, et le vicomte d'Agoust. Le soir, la ville entière fut illuminée.

Le lendemain 29, la duchesse reçut le conseil municipal à six heures du matin, et partit, pour Vichy, à sept heures ; les habitants traînèrent encore sa voiture jusqu'au-delà du pont de Loire ; la garde nationale à cheval et la gendarmerie l'accompagnèrent jusqu'à Magny. Dans la journée, cet avis fut affiché sur les murs de la ville : « Le maire de la ville de Nevers s'empresse de faire savoir aux habitants que S. A. R., duchesse d'Angoulême, l'a expressément chargé de les assurer qu'elle a été infiniment sensible aux marques sincères de dévouement et d'amour que toute la population lui a donnée à son entrée et à son passage dans cette ville. Autant ce témoignage de la vive satisfaction que l'auguste princesse a éprouvée à Nevers est flatteur pour tous les habitants, en général, autant le maire soussigné trouve de douceur à s'acquitter du devoir qu'elle lui impose, d'être auprès d'eux l'interprète des sentiments de Son Altesse Royale ».

Le 1er août, ce fut le tour de « S. A. Sérénissime

Madame la duchesse douairière d'Orléans, née duchesse de Penthièvre ». Elle arriva aussi à huit heures du soir, accompagnée de la garde nationale à cheval et de la gendarmerie, qui étaient également allées au-devant d'elle sur la route de Magny. Depuis cinq heures, le conseil municipal, les officiers de la garde nationale et un détachement du 59ᵉ de ligne l'attendaient entre le pont et la levée de Sermoise. Elle fut reçue aux cris de : Vive le Roi ! Vivent les Bourbons ! Vive Madame la duchesse d'Orléans ! et au bruit d'une décharge de vingt-un coups de canon. Elle logea à la préfecture, où eurent lieu les réceptions des fonctionnaires, des officiers, des ecclésiastiques et des sœurs de la Charité. Le lendemain, elle partit à trois heures du soir ; le conseil municipal la conduisit trois cents pas environ plus loin que la porte de Paris. Vingt-un autres coups de canon et le son de toutes les cloches des églises de la ville annoncèrent son départ.

Le 8 août, le conseil municipal, assemblé spécialement avec l'autorisation du préfet « considérant que, parmi les nombreux bienfaits dont le retour de nos princes légitimes nous a donné l'espérance, le rétablissement de la religion de nos pères est celui qui tient le premier rang ; que le premier et le plus sûr moyen d'y parvenir est le rapprochement et la communication habituelle des fidèles avec leurs pasteurs ; que la Révolution a privé la ville de Nevers d'un évêché, dont la fondation remonte jusqu'au temps du fondateur de la monarchie française ; que cet évêché, composé de 271 paroisses, a été réuni à celui d'Autun, ville éloignée de vingt-deux lieues de Nevers, en suivant le chemin de traverse impraticable pendant une partie de l'année, et de trente-deux lieues, si l'on veut profiter des grandes routes, et située à une distance bien plus grande encore des villes de Cosne et de Clamecy; qu'il n'y a jamais eu de rapport, ni de commerce, ni d'affaires, entre Autun et Nevers ; qu'il y a même différence de mœurs et d'usages entre les deux peuples ; que, de Nevers à Autun, il est impossible d'obtenir, par la voie de la poste, une réponse en moins de douze jours, en supposant qu'elle ait été expédiée sans le moindre délai ; que cette lenteur de communications, nuisible dans tous les temps et dans tous les cas, a même frappé de ridicule, en plusieurs circonstances, certaines cérémonies religieuses, faites à Nevers à contre-temps, pour avoir été faites trop tard ; qu'un évêque, résidant à Nevers, aurait infiniment plus de facilités, soit pour trouver dans le pays les ressources nécessaires pour subvenir à l'éducation des jeunes gens peu aisés qui se destinent à l'état ecclésiastique, soit pour rétablir la discipline très énervée dans ce pays, soit pour faire refleurir la religion ; que la progression des mauvaises mœurs, dont le nombre toujours croissant des détenus dans les prisons et des enfants trouvés dans les hôpitaux, est la suite et la preuve, ne peut être attribuée qu'au manque absolu d'éducation chrétienne pour les enfants des campagnes qui, abandonnés à eux-mêmes, se livrent à leurs penchants avec toute la brutalité de la nature sauvage ; que, par le fait même de l'éloignement du département de la Nièvre de son évêque, presque toutes les paroisses sont sans pasteur, parce qu'il est dans la nature de l'homme de pourvoir d'abord aux besoins de ceux qui sont sous ses yeux ; que la résidence d'un vicaire général à Nevers ne supplée que médiocrement aux avantages que tout le diocèse retirerait de la présence d'un évêque : 1° parce que son administration est nécessairement subordonnée à celle d'Autun, ce qui entraîne beaucoup de retard dans les affaires les plus importantes ; 2° parce que, quels que puissent être son zèle et ses talents, il aura toujours beaucoup moins d'autorité et d'influence que n'en aurait un évêque ; qu'aucune ville n'est dans une situation plus favorable que celle de Nevers, puisque la cathédrale l'évêché et le séminaire existent et sont dans le meilleur état possible », émit le vœu que le siège épiscopal fut rétabli. Dans sa session, ouverte le 15 octobre 1814, le conseil général du département appuya ce vœu qui devait bientôt après recevoir son exécution, puisque, par le Concordat de 1817, Nevers fut au nombre des villes qui durent avoir un évêque.

La question du casernement des troupes était une de celles qui préoccupaient le plus la municipalité. Pendant longtemps, les habitants durent, outre les militaires qui passaient, loger la garnison presque toute entière. Au 50e et au 144e de ligne, qui avaient été réunis pour former le 46e de ligne, était venu se joindre le 4e. A l'arrivée de ce dernier régiment, un certain nombre de bourgeois refusèrent de recevoir chez eux ces militaires, presque tous atteints de la gale. Le colonel déclarait qu'il lui était impossible d'établir une ambulance pour soigner tous ces malades. Il écrivait au maire, « puisqu'aujourd'hui on se permet de vexer mes soldats, j'ai recours à votre autorité, pour vous en porter ma plainte et pour que vous ordonniez au bourgeois de loger le militaire que vous avez logé chez lui, sauf à lui donner un lit de paille s'il est atteint de la gale. Il est pénible pour moi, monsieur le maire, d'être réduit à vous écrire pour une chose semblable ; si ma troupe était casernée et qu'elle fût payée, je ne vous importunerais pas de semblables réclamations ». On était obligé, en effet, de donner aux troupes des bons de réquisitions, faute de fonds pour les payer. D'après la demande qu'avait faite le conseil, le régiment d'infanterie eut ordre de quitter la ville ;

il partit pour Bourges les 6 et 7 septembre, et fut remplacé par le 12ᵉ dragons qui arriva à Nevers le 20. Le nouveau colonel refusa de prendre possession de la caserne et exigea plusieurs améliorations avant d'y introduire ses hommes ; ce fut seulement le 11 octobre que les habitants furent déchargés du logement des soldats de la garnison. Le 12ᵉ dragons reçut du roi le don d'un drapeau, qui fut solennellement bénit le 27 décembre, dans l'église Saint-Cyr.

L'octroi de la ville, après avoir été affermé pendant plusieurs années, fut, par suite d'un décret du 8 février 1812, remis entre les mains de l'administration des droits réunis. Nevers eut à déplorer vivement ce changement. L'Etat ayant fait supporter à la commune certaines dépenses considérées jusqu'alors comme d'administration générale, le conseil municipal, pour y faire face, augmenta tous les droits de cinq huitièmes. Le prix de ferme étant de 66.000 fr., on porta les revenus de l'octroi au budget de 1813 pour 110.000 fr.; or, ils ne produisirent brut que 79.470 fr. 83 c. L'année 1814 fut plus désastreuse encore, puisqu'elle ne produisit que la somme brute de 60.929 fr. 92 c., quoique l'on eût calculé que, soit comme troupes françaises, soit comme prisonniers de guerre, dans les six premiers mois de l'année plus de 80.000 étrangers avaient passé dans nos murs. Le maire voulut faire des observations à ce sujet ; il fut répondu qu'il se mêlait de ce qui ne le regardait pas, d'une manière tellement inconvenante, que dès lors toutes relations furent rompues entre l'administration et la municipalité. Aussi le conseil profita-t-il du changement de gouvernement pour demander au roi que la ville fut remise en possession complète de son octroi, tout en décidant de s'occuper des moyens de le supprimer complètement.

Une ordonnance royale du 30 décembre renouvela

la seconde moitié du conseil municipal. Le 17 février 1815, les quinze membres ainsi nommés prêtèrent entre les mains du maire le serment suivant : « Je jure et promets à Dieu de garder obéissance et fidélité au roi, de n'avoir aucune intelligence, de n'assister à aucun conseil, de n'entretenir aucune ligue qui serait contraire à son autorité, et si, dans le ressort de mes fonctions ou ailleurs, j'apprends qu'il se trame quelque chose à son préjudice, je le ferai connaître au roi ».

Pendant les deux premiers mois de l'année 1815, Nevers jouit d'un calme parfait : Les prisonniers de guerre qui l'encombraient quelques mois plus tôt avaient disparu, les passages des troupes avaient presque cessé, puisque dans tout le mois de février on n'eut à loger que 422 soldats. Le 28 février, un certain nombre de Nivernais allèrent à Bourges assister aux fêtes données à l'occasion du voyage du duc et de la duchesse d'Angoulême et furent témoins de l'enthousiasme provoqué dans cette ville par la présence des princes. Les habitants avaient repris leur vie habituelle, lorsque le 9 mars arriva le *Moniteur universel* du 7, convoquant la Chambre d'urgence et contenant une ordonnance déclarant Napoléon Bonaparte traître et rebelle, pour s'être introduit à main armée dans le département du Var.

On comprend l'émotion qu'une pareille nouvelle produisit. Le conseil municipal s'assembla aussitôt pour rédiger une adresse au roi : « Sire, il faut tout l'ascendant de votre parole royale pour nous déterminer à croire la réalité des attentats annoncés par Votre ordonnance du 6 de ce mois. Mais il suffit qu'ils nous soient signalés par Votre Majesté pour que nous nous empressions de concourir avec elle à leur prompte répression. Malheur à ceux qui viennent troubler notre félicité et voudraient nous replonger dans l'abîme des maux d'où la Providence avait su nous tirer ! Vous avez parlé, Sire, et, lorsque la voix d'un père chéri s'est fait entendre, tous les membres de la grande famille doivent marcher contre l'ennemi commun. Grâces à la bonté, à l'indulgence sans bornes de Votre Majesté l'unique sentiment qui puisse maintenant animer tous les Français est celui de la piété filiale. Ce sentiment, Sire, est devenu la source intarissable et pure où ils puiseront le courage et l'énergie que pourraient exiger les circonstances. Votre retour parmi eux leur a fait gouter la plénitude du bonheur, et ils sauront prouver tout le prix qu'ils y attachent.

» Nous aimons à penser, d'après nos affections particulières, qu'aucun d'eux ne dégradera le nom français, en combattant contre sa patrie et en se ralliant autour d'un parti de factieux ; mais si notre attente était trompée, périsse l'infâme que souillerait un tel crime. Quant à nous, Sire, nous renouvelons aujourd'hui ce serment d'amour et de fidélité, qui nous lie à jamais à Votre personne sacrée, et nous offrons à Votre Majesté tout ce qu'elle a le droit d'attendre d'un dévouement sans bornes. Ce serment, Sire, nous le déposons dans Votre sein paternel et nous jurons de nous ensevelir sous les ruines du trône de saint Louis, plutôt que de le voir occupé par d'autres que ses légitimes successeurs ». Cet acte, outre les membres du conseil, reçut les signatures des officiers de la cohorte urbaine et de 670 habitants de la ville.

De son côté, le lendemain, le préfet envoyait cette circulaire aux maires, sous-préfets et autorités : « J'appelle toute votre attention sur la proclamation et l'ordonnance du roi, du 6 de ce mois. Pénétrez-vous bien de ses dispositions et vous serez persuadés que la France ne court aucun danger : partout où l'autorité souveraine se montre vigilante et ferme, elle est assurée d'avoir pour elle tous les vœux et tous les bras. Il est honorable pour ce département, et j'aime à rendre ce fait public, qu'ayant réuni hier, auprès de moi, les chefs des autorités civiles et militaires, nous ayons arrêté d'un commun accord les mêmes dispositions qui sont prescrites par l'ordonnance de Sa Majesté. Ainsi, avant que la présente proclamation puisse être affichée, même dans la ville de Nevers, un conseil de guerre y aura été formé et installé. Nulle grâce pour les agitateurs ; la moindre faiblesse de la part des magistrats serait un attentat contre la tranquillité publique. Je connais, dans ce département, le petit nombre des hommes qui, par leur conduite passée, pourraient faire douter de leurs sentiments présents. Les mesures sont prises, et, si un seul d'entre eux oubliait qu'il n'appartient qu'à l'autorité d'avoir une action publique, tous deviendraient responsables à mes yeux ; qu'ils comptent, comme les autres citoyens, sur la protection des lois et sur mon habitude de repousser toutes les dénonciations vagues. Le service de la garde nationale doit être repris partout avec la plus grande activité ; les ordres ont été donnés en conséquence à Nevers. MM. les sous-préfets et maires du département donneront à cet objet la plus grande attention. Ils entretiendront avec moi la correspondance la plus active ; je solderai les dépenses qu'ils feront à cet égard et toutes les autres qui auraient un but d'utilité publique. Si, contre mon attente, ils ont à faire saisir quelques agitateurs, qu'ils les fassent conduire de suite devant moi, la punition suivra de près le délit ; qu'ils évitent, autant que possible, d'ajouter aux fatigues de la gendarmerie, en employant la garde nationale pour cet objet, ou, du moins, en faisant aider la gendarmerie par la garde nationale. La Providence et le roi ont fait beaucoup pour nous, dans l'année qui vient de s'écouler ;

montrons-nous dignes des bienfaits que nous avons reçus, et prouvons à l'Europe que, si ses armes ont contribué à nous rendre notre Souverain légitime, nos vœux l'appelaient et notre union suffit pour le conserver à jamais ».

Par ordre du préfet, le conseil municipal fut convoqué d'urgence et demeura en permanence « pour veiller aux intérêts des citoyens et réunir les esprits à l'intérêt commun ».

Le comte de Coetlosquet demanda au maire que la cohorte urbaine fût mise à sa disposition pour le service de la place. La situation était difficile en effet. Si toutes les autorités étaient foncièrement royalistes, il n'en était pas de même de la population de la ville, dont la grande majorité était animée de sentiments bonapartistes. La nouvelle du débarquement de Napoléon s'était répandue et avait causé une certaine agitation ; des cris de : vive l'Empereur ! avaient retenti. Lorsque l'ancien comte d'Artois, Monsieur, frère du roi, envoyé dans le Midi pour arrêter la marche de l'envahisseur, traversa Nevers, il entendit ce cri sur son passage. On procéda à quelques arrestations. La cohorte urbaine, commandée uniquement par des officiers royalistes, était le seul corps sur lequel on pouvait complètement compter. Son chef, du Fournay, conseiller de préfecture, reçut l'ordre d'obéir à tous les commandements du chef militaire du département. On demanda des engagements volontaires pour combattre dans les rangs de l'armée royale ; sept jeunes gens seulement se présentèrent.

Quoique Fiévée s'efforçât de cacher les nouvelles qui lui arrivaient, elles parvenaient peu à peu dans le peuple. On savait que Napoléon, n'ayant trouvé aucune résistance, marchait sur Paris ; il devait, disait-on, traverser Nevers comme il l'avait fait quelques mois auparavant, lors de son départ pour l'ile d'Elbe. Dans la soirée du 14 mars, le bruit courut tout à coup que, pour arrêter la troupe impériale, les autorités se disposaient à couper le pont de bois du côté de la ville. Il se forme un rassemblement de quatre mille personnes, composé en grande partie de femmes. Il se porte dans le bas de la rue de Loire, criant : à la trahison ! Un détachement de la cohorte urbaine gardait un poste à l'entrée du pont, la guérite du factionnaire est renversée ; le poste assailli tire sur la foule : un marinier, âgé de vingt-cinq ans, est atteint de blessures dont il mourut un mois plus tard. Un autre groupe pénètre dans la maison de l'ingénieur Coinchon, chargé des travaux du pont, qui se trouvait sur le quai. Coinchon peut s'enfuir, mais on perquisitionne chez lui, inutilement d'ailleurs, pour trouver un tonneau de poudre destiné, disait-on, à faire sauter une arche du pont. Les autorités, Fiévée et de Coetlosquet en tête, arrivent et s'efforcent de calmer la populace. Elles sont entourées, injuriées et menacées. Victoire Simonot, femme Bayle, marchande, menace de Coetlosquet de son poing : « Qui t'a décoré ? », lui crie-t-elle. — « C'est l'Empereur ». — « Tu l'as trahi, réplique-t-elle, tu es indigne de porter cette décoration », et elle la lui arrache (1). On force le préfet à crier vive l'Empereur. Les rassemblements finirent par se disperser pendant la nuit, après que le maire eut donné l'assurance que le pont ne courait aucun danger.

Pour calmer complètement l'effervescence, le lendemain fut publié cet arrêté : « Nous, Maire, considérant que le faux bruit qui s'est répandu d'un projet de

---

(1) Le 4 septembre 1816, elle fut condamnée, pour ce fait, par la cour prévôtale, à huit ans de travaux forcés et à une heure d'exposition, attachée au carcan sur la place publique.

couper le pont de Loire n'est pas encore dissipé, malgré l'assurance du contraire que nous avons donnée par notre avis d'hier. Considérant que c'est dans la classe des mariniers que cette fausse nouvelle a produit le plus de sensation. Considérant que les autorités, d'accord avec tous les habitants, regarderaient comme un malheur public la rupture du pont de Loire. Avons arrêté et arrêtons ce qui suit : Art. 1er. La conservation du pont de Loire dans son état actuel est confiée à ceux des maîtres mariniers et compagnons de rivière qui sont inscrits sur le rôle de la garde nationale. — Art. 2. En conséquence, lesdits maîtres mariniers et compagnons de rivière sont autorisés à veiller à ce qu'il ne soit porté aucune espèce d'atteinte au susdit pont. — Art. 3. Les mariniers dont il s'agit se partageront le service de façon qu'il y en ait la moitié qui repose pendant que l'autre moitié fera la garde, à moins qu'ils ne préfèrent garder tous ensemble. — Art. 4. Le sieur Léonard Mesnard, syndic des mariniers, est et demeure chargé de l'exécution du présent arrêté, qui sera publié par M. le commissaire de police, à l'entrée du pont de Loire ». Cet arrêté, par lequel l'administration abandonnait ses droits de surveillance sur le pont à une partie de la population elle-même, rétablit la tranquillité dans la ville. D'ailleurs, on apprenait bientôt que la rupture était inutile. Napoléon, dans sa course, contournait le département sans y pénétrer, traversant Autun, Avallon, Auxerre.

On continuait cependant à prendre des mesures pour s'opposer aux envahisseurs. Le 13 mars, sur une lettre du comte de Coetlosquet, et conformément aux ordres de Monsieur, frère du roi, le préfet ouvrait, sur la caisse du receveur général, un crédit de 30.000 francs « pour satisfaire aux besoins que les circonstances peuvent nécessiter ». Le 16, une commission des finances fut composée à cet effet, comprenant : MM. Flamen d'Assigny et J.-B. Frébault, membres du conseil général ; Lefebvre-Le Maire, receveur général, et Duliège, payeur du département.

Malgré les efforts de la préfecture, les partisans de l'Empire relevaient partout la tête. Dès le 12 mars, le drapeau blanc avait été renversé à Lurcy-le-Bourg et remplacé par le drapeau tricolore. Une bande d'une quarantaine d'individus avait menacé et poursuivi un habitant de Prémery, qui faisait l'éloge du roi.

Quelques jours plus tard, Clamecy s'insurge. Un débris des armées impériales, le général Allix, vivait en demi-solde, au château de Bazarne, près Varzy. Il apprend le passage de Napoléon en Bourgogne, il court immédiatement à Clamecy, assemble les flotteurs sur la place de la mairie, lit au peuple les proclamations de l'Empereur, déclare prendre le commandement de la ville en son nom. « Je vous adjure, crie-t-il, d'arborer sur le champ la cocarde nationale et de regarder comme ennemis ceux qui ne la porteront pas ». La gendarmerie, se sentant impuissante, abandonne la ville. Suivi de 3.000 insurgés, le général se transporte à la sous-préfecture et somme le sous-préfet de proclamer le régime impérial, celui-ci s'exécute sans difficulté, et fait part au préfet de ce qui s'est passé. Fiévée répond à cette communication par cet arrêté, en date du 20 mars : « Nous, Préfet, ayant reçu, hier, une lettre du sieur Robert de Connantre, nommé par le roi sous-préfet de l'arrondissement de Clamecy, par laquelle lettre le sieur Robert expose qu'il a proclamé le renversement du roi, sur une invitation dont il m'a transmis copie, invitation qui n'était pas même faite par celui auquel il sacrifiait ses devoirs. Considérant qu'il y a dans cette conduite une absence de dignité et de bon sens qui ne peut que faire gémir sur le choix d'un pareil magistrat et qu'il est honorable pour ce département que ce soit un homme qui lui est étranger qui ait méconnu à ce point les sentiments d'honneur et de devoir. Considérant que nos instructions nous prescrivent surtout d'éviter tout ce qui mettrait les citoyens en opposition, et qu'en nommant un autre sous-préfet, cet inconvénient pourrait résulter de deux autorités qui se croiraient rivales, quoi que l'une fut légitime et l'autre factieuse. — Art. 1er. Le sieur Robert de Connantre est suspendu de ses fonctions de sous-préfet. — Art. 2. La sous-préfecture de Clamecy est réunie, jusqu'à nouvel ordre, à notre préfecture ; les maires de cet arrondissement correspondront directement avec nous, pour toutes les affaires d'administration. — Art. 3. Tous les percepteurs et détenteurs de deniers publics sont rappelés, dans cette circonstance, aux devoirs prévus par les instructions et ne doivent faire de versements qu'à nous ».

Ce fut le dernier acte administratif de Fiévée dans le département. Tant qu'il le put, il cacha les événements qui se passaient en France. Le 25 mars, il vit qu'il ne pouvait plus dissimuler et il comprit qu'il s'était trop avancé dans le parti royaliste pour espérer être maintenu par l'Empereur ; il quitta la ville et se réfugia à Vauzelles, commune de Varennes-les-Nevers, chez le conseiller de préfecture Bonvallet, abandonnant l'administration à Piron. Celui-ci rédigea une proclamation pour annoncer le changement de gouvernement : « Proclamation aux habitans du département de la Nièvre. Depuis quelques heures j'ai l'honneur de remplir, par intérim, les fonctions de préfet, et j'apprends que, dans plusieurs communes, l'ordre public a été troublé. Je sens bien que le retour du Grand Napoléon sur le trône des Français doit exciter une joie générale, mais les signes publics de l'allégresse doivent être dirigés par les magistrats. Les violences, les attroupemens sont indignes des vrais amis de l'Empereur. Citoyens, soyez calmes au milieu des événemens prodigieux que le Dieu des armées a protégés. Le drapeau tricolor (sic) va flotter sur vos clochers ; vos temples vont retentir de vos chants d'actions de grâces. L'immortel Napoléon règne sur nous ; à ce nom seul réjouissez-vous ! Mais, écoutez la voix de vos magistrats, ils ne peuvent vous tromper. Les lois de Sa Majesté l'Empereur des Français sont confiées à des mains pures. Profitez de votre bonheur, et ne provoquez aucunes plaintes contre vous. — Nevers, le 25 mars 1815. Le doyen des conseillers de préfecture, faisant fonctions de préfet du département de la Nièvre : PIRON ».

Un *Te Deum* fut ordonné pour le lendemain. Par ordres du maire, la nouvelle fut publiée dans toute la ville, le soir à la lueur des flambeaux et au bruit du canon. Le 26, jour de Pâques, de nouvelles salves d'artillerie se firent entendre dès l'aurore. A huit heures du matin la garde nationale s'assembla et arbora un drapeau tricolore que lui procura M. du Verne du Veuillin. A dix heures, le conseil municipal, toutes les autorités, les fonctionnaires de tous rangs se rendirent à la cathédrale et assistèrent à la messe, puis au chant du *Te Deum*, pendant lequel on tira encore le canon. Partout on entendait crier : Vive l'Empereur ! Le soir eurent lieu plusieurs banquets, où se réunirent les partisans du nouveau gouvernement, les édifices publics furent illuminés ; dans les rues des bals se prolongèrent jusqu'au matin.

Les membres du conseil éprouvèrent le besoin d'envoyer une nouvelle adresse : « Sire, de tous les prodiges qui ont constamment entouré Votre

Majesté, le plus étonnant, sans doute, est celui qui l'a ramenée parmi nous. Votre retour sera donc pour la postérité un des événements les plus remarquables que puisse lui transmettre l'histoire. Mais, s'il est pour nos neveux un sujet d'admiration, il se présente à nos yeux dans l'ordre naturel des choses. En effet, Sire, en vous éloignant momentanément de la France, par suite de circonstances dont le souvenir est déjà loin de nous, vous avez laissé dans son sein tous les élémens qui, dans des conjonctures plus heureuses, devaient vous y rappeler. Vous aviez droit de compter sur la fidélité inébranlable de cette armée que vous conduisîtes si souvent à la victoire, et sur le dévouement d'un peuple qui n'oubliera jamais ce que vous avez fait pour le maintien de ses droits, et pour l'anéantissement de la secte anarchique qui dominait notre patrie avant votre avénement au trône. Le peuple français et l'armée n'ont donc pu cesser de Vous appeler par leurs vœux, et vous avez recueilli sur votre passage des témoignages non équivoques de leurs sentiments. Qu'il nous soit permis, Sire, de joindre nos acclamations à celles de toutes les villes qui, plus heureuses que la nôtre, ont eu l'avantage de jouir de votre présence, et de déposer aux pieds du trône l'hommage de notre profond respect ». Ne devons-nous pas être stupéfaits, quand nous considérons que le conseil, auteur de cette adresse, est le même qui, quelques jours plus tôt, en envoyait une précédente à Louis XVIII, en termes si virulents, et jurait de s'ensevelir sous les ruines du trône de saint Louis ? Mais n'en fut-il pas ainsi dans la France entière ?

Le mardi, 28 mars, la ville de Nevers faillit voir une émeute. Parmi les sept jeunes gens qui s'étaient proposés après le passage de Monsieur, pour aller combattre sous les étendards royaux et qui n'avaient pas quitté leurs foyers, se trouvait Joseph Fournier, dit « Saucisson », parce qu'il était garçon charcutier. Il avait dit que son projet était « d'assassiner le Corse et de ne revenir qu'avec ses entrailles dans son portemanteau ». Ce jour-là, quelques jeunes gens l'apercevant sur le pas de sa porte, l'interpellèrent en passant, il leur répondit un peu vivement ; des propos aigres furent échangés. Fournier rentra chez lui, menaçant de son fusil ; un attroupement se forma. Le peuple voulait envahir la maison. Les vitres des fenêtres furent brisées à coups de pierres. On criait : A mort l'assassin de l'Empereur ! La gendarmerie intervint. Fournier parvint à s'échapper et quitta la ville. Mais il fallut un certain temps et la présence de Piron pour dissiper le rassemblement.

Un décret impérial du 6 avril nomma à la préfecture de la Nièvre Rougier de Labergerie, qui arriva à Nevers le lendemain soir. Il reçut les autorités et prit possession de ses fonctions le 8, à midi. Le 15, le nouveau préfet, les conseillers de préfecture Piron, Bonvallet, Defournay et Decolons, le payeur général, etc., prêtèrent le serment suivant : « Je jure obéissance aux constitutions de l'Empire et fidélité à l'Empereur ». Les jours suivants cette formalité fut remplie par les autres autorités de la ville.

Le jour de sa prestation de serment, de Labergerie prit des arrêtés suspendant MM. de Villenaut, maire de Lurcy-le-Bourg, « ex-émigré, a manifesté hautement dans ces dernières circonstances son dévouement à la famille des Bourbons, ce qui lui a fait perdre la confiance de ses administrés, qui se sont, au contraire, prononcé en faveur sa S. M. l'Empereur ; de cette opposition, il ne peut résulter que des troubles » ; de Toury, maire de Saint-Saulge, « récemment, loin de calmer, par des discours paternels, ses administrés, dans un mouvement populaire, il s'est permis des propos et des menaces, qui lui ont fait perdre la confiance, et l'ont forcé de quitter sa commune »; de Bouillé, maire de Saint-Parize-le-Châtel, « vu les plaintes portées sur la conduite et les propos scandaleux qu'a tenus le sieur de Bouillé, depuis l'heureux retour de S. M. l'Empereur en France, desquels il a résulté qu'il s'est ouvertement prononcé contre Sa Majesté ». Un autre arrêté du même jour révoquait Gascoing, maire de Coulanges-les-Nevers, qui avait quitté sa commune « pour s'attacher à la maison militaire du roi, sans cependant avoir donné sa démission de maire ».

Furent mis sous la surveillance de la police « comme ayant fait partie de la maison dite du roi pendant l'interrègne » : MM. Hippolyte de Moncorps, Ferdinand de Montrichard, Armand et Achille de Laforest, Bardet de Burcq, Haly, Perrève, Auguste de Neuchèze, Paulin Duverne du Veuillin, Chambrun de Rosemont, de Saulieu de la Chomonnerie, Adolphe Bourgoing de la Baume, Vyau de la Garde, Henri Flamen, Desnoyers, Enfert fils, Gascoing de la Charnaye, Émile Dechamps et son frère.

Le 17 avril, le maire, le second adjoint et les membres du conseil municipal de Nevers prêtèrent serment à l'Empire.

Le rétablissement de l'Empire était la reprise de la guerre contre l'Europe. Les militaires du département furent convoqués à Nevers les 25, 26, 28 et 29 avril; les militaires en retraite ou en congé absolu furent appelés à Nevers, le 3 mai; à Cosne, le 4; à Clamecy, le 5 et à Château-Chinon, le 6. A cette occasion, le préfet écrivait : « C'est moins un ordre, monsieur le maire, qu'un simple appel, que vous aurez à faire à tout militaire qui ne sera pas infirme, il suffira de leur faire connaître (par écrit néanmoins) que l'Empereur et la patrie appellent tous les braves sous les armes, pour repousser l'ennemi, s'il ose franchir le territoire français ; le devoir, l'honneur et l'assurance d'une paix durable commandent à tout bon Français de se rallier à la Grande-Armée et de manifester à toutes les puissances une vaste frontière d'airain et une volonté nationale fortement prononcée ». Conformément à une décision ministérielle, le département devait fournir 65 chevaux sur les 8.000 qui étaient demandés pour la cavalerie légère, de la taille de quatre pieds sept à huit pouces et qui devaient être payés 360 fr. chaque. Ce contingent ne put être atteint ; le 27 mai, dans l'arrondissement de Clamecy, qui devait fournir 20 chevaux, 13 seulement avaient été présentés et deux avaient été reconnus avoir les qualités requises ; le même jour l'arrondissement de Château-Chinon n'avait fourni aucun cheval.

Le comte de Colchen, envoyé extraordinaire de l'Empereur dans la 21e division militaire dont dépendait le département de la Nièvre, passa à Nevers les journées des 9 et 10 mai. Pendant son séjour, il rendit un certain nombre d'arrêtés, entre autres un du 10 mai, nommant conseillers de préfecture : Piron, Decolons et Couroux-Desprez ; un autre remplaçant Hailliot de Sellincourt, commissaire de police, par Noël Pointe, ancien représentant du peuple ; et un troisième renouvelant la municipalité de Nevers. M. du Verne du Veuillin fut nommé maire ; Bort, premier adjoint, et Carymantrand-Robelin, deuxième adjoint ; de l'ancien conseil vingt-deux membres furent maintenus, les huit autres : Deremy, Decolons, Languinier, Gillet, Simonin, Robert aîné et du Verne, qui passait maire, étaient remplacés par Barbier, Frébault, Robert jeune, Dieudonné, Moret, Paulmier, du Château et Lefiot, ancien conventionnel. Le conseil fut installé le 11 par le préfet, qui prononça une allocution : « Vous aviez, dit-il, pour maire un homme de bien, mais des circonstances de famille lui faisaient désirer depuis longtemps d'être libre de fonctions publiques aussi actives et aussi importantes que celles de maire d'une grande ville. Le digne commissaire extraordinaire que Sa Majesté a envoyé dans la 21e division, et que vous avez possédé pendant deux jours, a voulu vous donner également un homme de bien, et il a nommé M. du Verne : son seul nom vous annonce tout ce que vous devez en attendre, brave guerrier, dans sa jeunesse il a fait respecter le pavillon français, et à vingt-sept ans il portait le signe de la valeur dans les combats. Forcé de se fixer dans sa famille, par suite des honorables blessures qu'il a reçues, il n'a cessé depuis trente ans de rendre des services dans la carrière administrative... ».

Quelques-unes des nominations faites par le commissaire extraordinaire de l'Empereur ne furent pas approuvées par l'autorité supérieure. Il avait nommé Noël Pointe commissaire de police à Nevers. Or, le 13 mai, obéissant à une lettre du ministre de la police générale, le préfet prit un arrêté réintégrant Guyon, prédécesseur de Hailliot de Sellincourt. Pointe conserva néanmoins ces fonctions jusqu'à la fin de la période des Cent-Jours par suite de l'absence de Guyon. Colchen avait révoqué Gabriel Provost, maire de La Charité ; sur un ordre exprès du ministre de l'intérieur, le préfet le rétablit le 16 juin, attendu que « plusieurs témoignages, dignes de foi, rendus en faveur du sieur Provost fils, ex-maire de La Charité, font croire que le commissaire extraordinaire de Sa Majesté l'Empereur a été induit en erreur lorsqu'il l'a révoqué ». Provost fut suspendu le 11 octobre parce qu'il avait trouvé moyen d'échapper à toutes les réquisitions faites pendant le séjour des Alliés « quoique l'un des plus riches de la ville » et qu'il avait assujetti le curé au logement des gens de guerre, malgré la défense formelle du préfet. Le 20 novembre cette suspension fut changée en révocation définitive.

Le département de la Nièvre fut appelé à élire six représentants à la Chambre des Cent-Jours, savoir : deux par le collège électoral du département et un par chacun des collèges électoraux d'arrondissements. L'élection eut lieu le 13 mai. Furent élus, le général Sorbier (1), Blaudin-Valière (2), Couroux-Desprez (3), Laramée (4), Heulard de Montigny (5) et Dupin (6). Une députation du collège électoral de la Nièvre fut reçue aux Tuileries le 28 mai. Elle se composait du général Sorbier, Lebrun, Blaudin-Valière, Robert, Couroux-Desprez, Guiller de Montchamoy, Chevalier de la Génissière, de Givry, Laferté-Saulière et Butteux ; elle présenta une longue adresse énonçant les sentiments de fidélité du département. Le même jour, l'Empereur reçut aussi une députation particulière de la ville de Nevers, présidée par le comte

---

(1) Jean-Barthélemy Sorbier, né à Paris, le 16 novembre 1762, mort à Saint-Sulpice (Nièvre), le 23 juillet 1827 ; élève à l'école militaire de Brienne, lieutenant-général et inspecteur général de l'artillerie impériale.

(2) Claude-Hyacinthe Blaudin-Valière, né à Nevers, le 7 juillet 1762, mort à Nevers, le 7 octobre 1847 ; substitut du procureur général près la cour de Bourges, sous la Restauration, conseiller à la cour de Bourges.

(3) Pierre-Justin-Marie Couroux-Desprez, né à Donzy, le 7 août 1757, mort à Cosne, le 25 mars 1823 ; sous-préfet de Cosne en l'an VIII, sous la Restauration président du tribunal de Cosne.

(4) Jacques-Louis Laramée, né à Rocroi (Ardennes), le 14 février 1756, mort à Paris, le 16 octobre 1834 ; sous-préfet de Clamecy en l'an VIII.

(5) Charles-Gilbert Heulard de Montigny, né à Lormes, le 10 novembre 1771, mort le 14 janvier 1872, conseiller à la cour de Bourges.

(6) André-Marie-Jean-Jacques Dupin, né à Varzy, le 1er février 1783, mort à Paris, le 10 novembre 1865.

Hulin, accompagné du comte de Forbin-Janson et du chevalier Adet, ancien préfet de la Nièvre, et qui lui présenta l'adresse suivante : « Sire, lorsque le 21 avril 1814 vous traversâtes notre ville, Votre Majesté reçut des témoignages non équivoques de l'amour de ses habitants et de la douleur dont les avait pénétrés le noble sacrifice qu'elle croyait utile au bonheur de ses sujets. Réduit à gémir sur la perte d'un prince si nécessaire à sa prospérité et à sa gloire, votre fidèle peuple de Nevers s'est levé en masse aux premiers bruits du retour triomphal de Votre Majesté, et résistant à l'influence de quelques hommes dont la trahison avait fait la puissance, ce même peuple a prouvé avec énergie, mais sans désordres, que rien ne pouvait le séparer de la cause de Votre Majesté. Redevenus libres, certains d'être heureux sous votre autorité paternelle, permettez-nous, Sire, de déposer au pied de votre trône l'expression de l'allégresse que votre retour a excité parmi nous et de renouveler à Votre Majesté l'hommage de notre amour et de notre fidélité ».

Le 25 mai, Rougier de Labergerie fils fut nommé à la préfecture de la Nièvre, en remplacement de son père. Son installation eut lieu le 31 aux cris de : Vive l'Empereur ! Le même jour, Piron fut nommé sous-préfet de Nevers, il prêta serment en cette qualité le 7 juin.

Le préfet s'efforçait de presser le départ des hommes qui devaient prendre part à la guerre et à la défense du pays ; un corps de fédérés volontaires, auquel on distribua une partie des armes destinées aux gardes nationaux, avait été créé à Nevers. Les gardes nationaux eux-mêmes étaient mobilisés, dans la ville l'ordre de marcher atteignit 118 d'entre eux. Les conscrits venaient de tous les points du département.

Le 17 régiment de dragons arriva à Nevers pour achever de se former. Mais les armes, les vêtements faisaient défaut ; l'argent manquait. De Labergerie envoyait inutilement arrêtés et appels de toutes sortes. Le 22 juin, alors que l'armée française avait été anéantie à Waterloo, il écrivait : « Une somme de 62.000 fr. est indispensable pour compléter l'habillement et l'équipement de nos deux bataillons de gardes nationales actuellement en activité, je ne puis me les procurer qu'en recourant au patriotisme des habitants du département et tel est l'objet de l'arrêté que j'ai l'honneur de vous adresser. Jamais appel de fonds n'a été provoqué par de plus puissants motifs, pour de plus grands intérêts. Il s'agit de repousser la plus injuste des agressions, de défendre notre indépendance, nos droits, nos libertés, de conserver notre honneur, notre existence même ; il s'agit en un mot de sauver la patrie, eh ! quel Français voudrait s'isoler d'une si belle cause ? Quel citoyen ne s'empresserait pas d'offrir une légère portion de son superflu pour concourir à la défense commune ? Déjà de grands succès ont couronné les armes de notre Empereur, déjà les aigles prussiennes et les léopards anglais fuyent devant nos légions, mais, pour profiter de la victoire, il faut que de nouveaux bataillons entrent en ligne, et ceux de notre département n'attendent pour cela que le complément de leur habillement et de leur équipement. Je n'aurai pas compté en vain, dans cette circonstance, sur le patriotisme de mes administrés, et je mettrai au rang des jours les plus heureux de ma vie, celui où je pourrai dire aux ministres de Sa Majesté : J'ai parlé aux Nivernais des besoins de la patrie et tous ont rivalisé de zèle pour venir à son secours » Un autre arrêté du 22 mit en réquisition tous les cordonniers de Nevers et tous leurs ouvriers pour fabriquer d'urgence onze cents paires de souliers nécessaires pour compléter l'habillement des gardes nationaux actifs. La livraison devait être effectuée au plus tard le 10 juillet.

Les habitants eurent dès lors à subir ce régime de réquisitions de toutes sortes qui ne devait cesser pour eux qu'après le départ des Alliés. Dès cette époque, en effet, et surtout immédiatement après la bataille de Waterloo, de nombreux soldats, ayant les plus grands besoins, traversèrent la ville. De là des réquisitions de fourrages, avoine, etc. En outre, par suite de l'offre que firent les fédérés de fournir une compagnie pour voler « à la défense de la capitale de l'Empire », cent habits de gardes nationaux furent réquisitionnés pour habiller ces fédérés le 4 juillet, et le maire de Nevers fut chargé de « frapper cette réquisition sur pareil nombre de gardes nationaux possédant un uniforme et de prendre toutes les mesures nécessaires pour que les cent habits ou surtouts soient déposés dans les magasins de la mairie dans la soirée de cejourd'hui ». La veille, deux cents paires de souliers et deux cents demi-guêtres avaient été réquisitionnées pour les troupes. Le préfet écrivait au maire : « Ne me parlez pas de réquisitions, j'en suis plus dégoûté que vous ». Puis il ajoutait : « On manque de moyen de payer, et le système réquisitorial doit avoir lieu ».

Le 8 juillet, le maire fit publier l'avis suivant : « Avis à tous les habitants. Le maire de Nevers, informé que les différents dépôts de cavalerie stationnés en cette ville manquent absolument de charpie pour le traitement des hommes blessés, dont le nombre augmente tous les jours, invite expressément tous les habitants des deux sexes à faire le sacrifice d'une portion du vieux linge qu'ils auraient en leur possession et à le convertir en charpie, pour servir au pansement desdits blessés. Attendu que la saison actuelle concourt à rendre les blessures et les plaies dangereuses, pour peu que le pansement soit retardé, il importe essentiellement que les personnes qui pourront fournir de la charpie s'en occupent, à commencer d'aujourd'hui ou de demain dimanche. La religion ne peut qu'approuver un travail si nécessaire, si urgent et si honorable pour ceux qui s'y livreront. Comme il s'agit d'un devoir sacré que les habitants des autres contrées de la France remplissent, en ce moment, envers nos fils et nos frères, le maire soussigné se persuade que chacun s'empressera de faire de la charpie et de l'envoyer ou de l'apporter, soit à l'infirmerie de l'hôpital, soit à celle des Dames de la Charité, soit chez la dame veuve Reinaud, concierge de la mairie. — DUVERNE ».

Sans être aussi violentes que dans le Midi de la France, les passions politiques furent très vives à Nevers pendant la période des Cent-Jours. Les deux partis étaient très excités l'un contre l'autre. La ville renfermait un certain nombre d'anciens militaires qui se plaignaient d'avoir été tyrannisés depuis la Restauration, et qui avaient accueilli avec enthousiasme le retour de l'Empire, qu'ils fêtaient dans des banquets où retentissaient des chants de haine contre les Bourbons ; ils s'appuyaient sur les fédérés et la masse du peuple. Les royalistes répondaient par d'autres chants aussi vifs contre Bonaparte et étaient soutenus par la majorité de la garde nationale, dont tous les officiers étaient partisans avérés de la Royauté. Dans les rues, l'agitation était extrême, on se provoquait, on s'injuriait. Dans les premiers jours du mois de juillet, lorsque les cocardes blanches firent de nouveau leur apparition, la surexcitation fut à son comble. Le 8,

J.-B. Carymantrand, menuisier, âgé de vingt-cinq ans, passait près de la porte de Paris, chantant une chanson bonapartiste. Il fut frappé par un sellier, nommé Bourdillon, d'un coup d'alène, dont il mourut dans la nuit. Bourdillon, arrêté au premier instant, fut ensuite relâché sans être inquiété.

Pour arrêter l'effervescence que cet événement pouvait provoquer, on publiait cet avis : « Avis du maire de Nevers à ses concitoyens. Pendant que le premier magistrat du département s'efforce d'éclairer le public sur le véritable état des mesures que le gouvernement et la représentation nationale prennent en ce moment pour fixer enfin le sort de la France, le maire de Nevers croit devoir recommander à ses concitoyens d'observer le calme et l'union dont chacun éprouve un si grand besoin, après tant d'agitation, d'incertitude et d'anxiété. Personne, assurément, n'a le droit de troubler l'ordre et le repos public ; c'est une vérité éternelle et connue de tout le monde. Ainsi donc, le maire soussigné fait savoir que quiconque y porterait atteinte sera saisi sur le champ et livré aux tribunaux pour être puni selon la gravité du délit et de ses circonstances. Fait à Nevers, à l'hôtel de la mairie, le 8 juillet 1815. Signé : Duverne ».

Le jour où parut cet avis, Rougier de Labergerie fils abandonna la préfecture, laissant l'administration momentanément à Piron, qui, depuis quelque temps, exerçait les fonctions de sous-préfet de l'arrondissement. Il se trouva donc chargé de porter à la connaissance des habitants du département la rentrée de Louis XVIII aux Tuileries. Le 11 juillet, il leur disait : « Le roi Louis XVIII est sur son trône : que de réflexions à faire pour ceux qui lui ont été fidèles, et pour ceux que l'erreur a égarés ! Les événements et nos malheurs ont assez dû nous instruire. Citoyens, rallions-nous pour jamais à l'antique dynastie des Bourbons. Loin de nous tous actes qui tendraient à des provocations. Imitons la sagesse du prince que la sagesse éternelle nous a rendu ».

La ville, pendant quelques jours, fut dans de terribles angoisses, attendant l'arrivée des Alliés, que les nouvelles annonçaient tantôt par la route de La Charité, tantôt par celle de Prémery. Le 22 juillet, précédés de bien peu par le nouveau préfet, Devaines, ils firent leur entrée dans Nevers, qu'ils devaient occuper jusqu'au 18 octobre. Ce qui se passa durant leur séjour, je n'en parlerai pas, l'ayant déjà fait.

A peine arrivé, Devaines, conformément à l'ordonnance royale du 7 juillet, déclara que tous les fonctionnaires de l'ordre administratif et judiciaire, les commandants et officiers de la garde nationale qui étaient en activité de service le 1ᵉʳ mars devaient reprendre immédiatement leurs fonctions. De Dreuille redevint donc sous-préfet et Piron reprit, pour bien peu de temps, le titre de simple conseiller de préfecture. Noël Pointe dut céder le commissariat de police à Haillot de Sellincourt. L'ancien conseil municipal reprit l'administration de la ville, et du Verne, redevenu simplement conseiller municipal, céda la mairie à de Chabrol. Au mois de septembre, il fut nommé sous-préfet de Nevers. Puis le préfet « considérant qu'il ne peut y avoir de corporation armée autre que la garde nationale », ordonna que tout individu armé comme fédéré nivernais serait tenu de déposer ses armes dans les vingt-quatre heures

Malgré la présence des étrangers, la fête du roi fut célébrée en grande pompe le 25 août.

Le 22 août eurent lieu les élections législatives. Les électeurs de la Nièvre avaient, cette fois, trois représentants à nommer ; ils choisirent Hyde de

Neuville (1), de Pracomtal (2) et Clément (3), élus respectivement par 122, 97 et 96 voix, sur 162 votants. Le 11 septembre, les députés du collège électoral furent reçus par le roi et lui présentèrent cette adresse : « Sire, après des jours de deuil, votre voix s'est fait entendre. A cette voix qui nous est chère et dont le silence momentané nous a si douloureusement affectés, nous sommes accourus pour seconder les intentions paternelles de Votre Majesté. Nous trouvons dans notre réunion le double avantage d'obéir aux ordres de notre légitime souverain et de pouvoir déposer à ses pieds le tribut de notre respect et de notre amour. Il tardait à l impatience de chacun de nous, Sire, de vous exprimer ce double sentiment, et nous nous estimons heureux de confondre nos affections particulières pour offrir à Votre Majesté un ensemble d'hommages qui lui soit agréable.

» En cédant à ce premier besoin de nos cœurs, nous en éprouvons un autre non moins pressant, c'est de conjurer Votre Majesté de faire au salut de ses peuples le sacrifice de l'une de ses vertus, de celle qui, par une fatalité inexplicable, est devenue la source de vos chagrins et des nôtres ; veuillez en suspendre l'exercice en frappant du glaive de votre justice ceux que ne pourrait enchaîner l'excès de votre clémence.

» Loin de nous, Sire, l'idée de provoquer la foudre des vengeances et des réactions ; nous professons tous l'oubli des erreurs, nous ouvrons de bonne foi nos bras

---

(1) Jean-Guillaume Hyde de Neuville, né à La Charité, le 24 janvier 1776, mort à Paris le 23 mai 1857.

(2) Léonor-Anne-Gabriel marquis de Pracomtal, né à Paris, le 1er juin 1773, mort à Paris le 21 février 1838 ; colonel des gendarmes de la garde du roi.

(3) Noël-Joseph Clément, né à Nevers, le 2 février 1757, mort à Pougues-les-Eaux le 30 mars 1829 ; chef d'escadron de gendarmerie à Nevers.

au repentir sincère ; mais il est des forfaits dont l'impunité est une calamité nationale, et de ce nombre sont ceux qui, au mois de mars, ont attiré tous les genres de fléaux sur notre malheureuse patrie.

» En exprimant à Votre Majesté un vœu qui, sans doute, contrarie le penchant de son cœur, nous faisons nous-mêmes une sorte de violence au nôtre ; mais, Sire, il nous est arraché par la force des circonstances autant que par notre amour pour vous ; nous nous flattons que Votre Majesté le regardera comme un nouveau gage de fidélité pour elle et comme un sûr garant de notre inviolable attachement à la dynastie de nos rois, au principe sacré de la légitimité, à la patrie et aux lois ».

Le roi répondit : « Je reçois avec plaisir l'assurance des sentiments du département de la Nièvre ; j'espère que bientôt les maux de la France seront réparés par l'union des Chambres avec moi ».

Le 1er octobre, la compagnie des pompiers fut réorganisée, ayant comme capitaine Coinchon, ingénieur des ponts et chaussées ; comme lieutenant Pot, charpentier, et comme sous-lieutenant Torterat, conducteur des ponts et chaussées.

Le 17 novembre, l'anniversaire de la naissance de Louis XVIII fut célébré en grande pompe. Le matin, les autorités et la garde nationale assistèrent au service divin à la cathédrale. Les gardes nationaux avaient porté à l'église les bustes de Henri IV et de Louis XVIII ; ils chantèrent en chœur le *Domine salvum fac regem*. Après la cérémonie, les deux bustes furent portés en triomphe dans toutes les rues de la ville aux cris de : Vive le roi ! Le soir, de nombreux banquets réunirent les partisans du nouveau régime, et la journée se termina par une illumination générale.

Si la première Restauration s'était passée sans réaction d'aucune sorte dans le département, il n'en fut pas absolument de même après les Cent-Jours. Certes, il ne fut commis nulle violence, mais un certain nombre d'arrestations, de destitutions et de mises en surveillance de la police eurent lieu. Ainsi, Pellault des Bourgoins fut d'abord jeté en prison, puis le 18 octobre mis en liberté, mais maintenu en surveillance ; de même que les deux frères Baille ; Gobet, instituteur à Ligny, commune de Saint-Benin-des-Bois, fut suspendu ; Jacquinot, percepteur à Challuy, mis en surveillance, ainsi que Callot, Bonneau-Lestang, manufacturier, quelque temps détenu ; André Leblanc, curé de Cosne ; Guillerault-Bacoin, ancien conventionnel ; Clément Melot, percepteur à Saint-Sulpice ; Frébault, notaire, et Frébault, officier de santé, tous deux à Saint-Sulpice ; Coursier et Thévenard, les premiers qui avaient arboré le drapeau tricolore à Lurcy-le-Bourg ; Jean Frebault, garde forestier à Forges, commune de Saint-Sulpice, fut suspendu « comme mauvais sujet ». Laurent, maire de Cosne, fut également suspendu pour avoir été, « pendant l'interrègne, l'un des plus zélés partisans de l'usurpateur jusqu'à faire enrôler son fils sous les drapeaux, quoiqu'il n'y fût pas appelé par son âge ». Grandjean, instituteur à Saint-Saulge, et son fils, reçurent l'ordre de retourner immédiatement à Vaucouleurs, leur pays natal. Raffault, concierge de la prison de Cosne, fut destitué comme « opposé au gouvernement légitime ». Il en fut de même de Mielle, « piéton » à Fours, « professant des principes contraires au gouvernement ». Les scellés furent apposés et perquisition fut faite chez Détré, notaire à Château-Chinon, « soupçonné d'avoir en sa possession des écrits contre le gouvernement, et notamment des proclamations en placard datées de Belgrard, tendant à ramener un ordre de choses contre lequel s'élève l'unanimité des Français ». Chevalier-Lagenissière, inspecteur des forêts de l'arrondissement de Clamecy, fut arrêté pour avoir dit chez le maire de Neuffontaines « qu'on se battrait bientôt, qu'il partirait et qu'on verrait ce qui arriverait ». Le 17 novembre, les maires d'Epiry, de Saisy et de Dompierre-sur-Nièvre furent destitués, parce que le drapeau blanc n'avait pas encore été arboré, à cette date, dans ces communes. Un dimanche, à la messe, à Moissy-Moulinot, au moment où le curé entonne le *Domine salvam*, deux hommes se lèvent en disant : « Sortons ! » Le maire de la commune est destitué, attendu que s'il « eut été animé de bons principes, il aurait fait cesser le scandale que cette scène a produit, et en aurait fait sur le champ arrêter les auteurs », ce qu'il n'avait pas fait, etc.

Le 24 décembre, Devaines ordonnait de faire saisir tous les exemplaires qui pouvaient encore exister du *Catéchisme à l'usage de toutes les églises de France*, « dans lequel un chapitre tout entier est consacré à établir des devoirs et à recommander le respect et l'attachement envers Napoléon ». A Nevers, des perquisitions furent faites chez tous les libraires et les marchands de papier ; on saisit deux exemplaires de cet ouvrage. On trouva des catéchismes à l'usage du diocèse, contenant cette mention : « Prions pour le Saint-Père, pour notre Evêque et pour notre Empereur ». On se contenta de déchirer la page qui la contenait, « en sorte que le nom de Napoléon n'existe plus dans le catéchisme ».

Dans la seconde moitié de l'année 1815, une épidémie se répandit dans le département sur les bêtes à cornes. Malgré la constitution d'une commission de vétérinaires, établie pour essayer d'enrayer ses progrès, elle fit de grands ravages. Dans la commune de Nevers, du 4 septembre au 31 décembre, il mourut 300 bœufs, vaches ou veaux ; à cette dernière date, il n'en restait plus que 99. Un arrêté du 12 octobre suspendit dans tout le département les foires et marchés de bestiaux.

Toutes les calamités semblaient d'ailleurs fondre sur le pays. La présence des étrangers avaient épuisé la France, l'intempérie des saisons amena la famine, les vivres arrivèrent à un prix excessif. Les vignes, dans la Nièvre, particulièrement dans l'arrondissement de Clamecy, furent attaquées par un insecte nommé Hubert, qui les frappa « d'une stérilité effrayante » et en rendit « le produit presque nul ».

MUNICIPALITÉ DE NEVERS
1813

Chabrol de Chaméane (Antoine-Joseph), propriétaire, maire, ancien émigré.
Rapine de Sainte-Marie (Louis-Marie), propriétaire, premier adjoint, ancien émigré.
Carymantrand-Robelin (Louis), second adjoint, négociant.
Leblanc-Neuilly (Pierre-Ignace), président du tribunal civil.
Bareau (Hugues-Antoine), notaire.
Andras de Marcy (Edme), propriétaire, ancien militaire.
Berchon (Pierre-Michel), propriétaire, ancien financier.
Lefebvre (Jean-Baptiste), imprimeur.
Garilland (Charles), avocat.
Lyons-Gasque (Jacques), négociant.
Debrun-Maillot (Jean-Joseph), propriétaire, chevalier de Saint-Louis, ancien lieutenant de cavalerie.
Leblanc-Laborde (Philippe-Ignace), avoué.
Dubois (Philippe), manufacturier.
Avril (Philibert), propriétaire, ancien horloger.
Dubosc (Etienne-Marie), juge d'instruction.
Deremy (Pierre), propriétaire, ancien commissaire à terrier, géomètre.
Thomas (Edme-Antoine), propriétaire.
Decolons de Vauzelles (François-Marie), propriétaire, ancien procureur général à la chambre des comptes de Nevers, avocat.
Riffé du Pavillon (Joseph-Olivier-Marie), propriétaire, ancien notaire.
Pannecet (Gilbert), notaire, ancien secrétaire de la chambre des comptes.
Languinier (Jean-François), juge.
Gillet (Pierre), juge.

Simonin (Pierre), propriétaire, ancien receveur général du duché.
Colas (Gilbert-Marie), avoué, ancien substitut du commissaire du gouvernement près le tribunal civil.
Robert (Pierre-Marie-Claire-Clotilde), médecin, ancien chirurgien-major à l'armée de Condé.

Ordonnance du 30 décembre 1814

Chabrol de Chaméane, maire.
Rapine de Sainte-Marie, premier adjoint.
Carymantrand-Robelin, second adjoint
Bareau.
Andras de Marcy.
Lefebvre.
Berchon.
Lyons-Gasque.
Debrun-Maillot.
Leblanc-Laborde.
Avril.
Deremy.
Thomas.
Decolons de Vauzelles.
Riffé du Pavillon.
Pannecet.
Languinier.
Gillet.
Simonin.
Colas.
Robert.
Bonneau-Lestang (François), manufacturier.
Custode (Pierre-Marie), propriétaire, trésorier de la fabrique de Saint-Cyr.
Duliège (Marie-Pierre-François de Paule), payeur du trésor royal.

Duverne du Veuillin (Louis-Gabriel-Charles-Claude), propriétaire, chevalier de Saint-Louis, ancien capitaine de vaisseau.
Enfert (Pierre-Marie), manufacturier, président du tribunal de commerce.
Fauchet (Guillaume), juge suppléant, ancien juge à Saint-Pierre-le-Moûtier.
Faure-Fontenelle (Antoine), propriétaire, ancien contrôleur ordinaire des guerres.
Gauvilliez (Jean-Marie-Gaspard), directeur de l'enregistrement et des domaines, ancien général de division.
Lepin de Bussy (Henri-François), propriétaire.
De Maumigny (Charles-Paul-Nicolas-Claude), propriétaire, chevalier de Saint-Louis, ancien officier de cavalerie, ancien page de la petite écurie du roi.
Desnoyers (Jean-Charles), propriétaire, ancien maître particulier des eaux et forêts de Nevers, ancien inspecteur des eaux et forêts de l'arrondissement de Nevers.
Verrier (François-Etienne), juge, ancien gendarme du roi.

Nomination du 10 mai 1815 par le comte Colchen, sous réserve de confirmation par l'empereur

Duverne du Veuillin, maire.
Bort (Pierre-Amable), premier adjoint.
Carymantrand-Robelin, second adjoint.
Andras de Marcy.
Berchon.
Thomas.
Leblanc-Laborde.
Avril.
Riffé du Pavillon.
Pannecet.
Colas
Bareau.
Lefebvre.
Lyons-Gasque.

Bonneau-Lestang.
Custode.
Duliège.
Enfert.
Fauchet.
Faure-Fontenelle.
Gauvilliez.
Lepin de Bussy.
De Maumigny.
Desnoyers.
Verrier.
Barbier aîné, tanneur.
Frebault (Jean-François), médecin.
Lefiot (Jean-Alban), avocat, ancien représentant du peuple à la Convention.
Robert jeune (Pierre-Ursule), médecin.
Dieudonné (Antoine-Adam), propriétaire, ancien commissaire des guerres.
Moret (Philippe), propriétaire.
Paulmier, fabricant de bière.
Micquereau du Château, propriétaire. (Ce dernier n'a pas accepté).

Nevers. Imp. G. Vallière

www.ingramcontent.com/pod-product-compliance
Lightning Source LLC
Chambersburg PA
CBHW070514100426
42743CB00010B/1828